U0115987

地域文化研究叢書・嶺南文化叢刊

嶺南近代文化論稿

下冊

劉聖宜　著

目次

第四章
時代・人物

孫中山梁啟超社會主義觀之比較

　　社會主義思潮或思想，早在中國共產黨出世以前已由西方傳入中國。一八四〇年發生鴉片戰爭後，先進的中國人開始了向西方學習的歷程，一八九四年甲午中日戰爭後他們已經達到了這樣的認識，即以為西方在總體上比中國先進，值得效法。但到了二十世紀初，當中國的先進分子滿腔熱情地企圖按西方國家的模式對中國進行改革時，卻發現西方國家陷入了一個新的危機之中：生產的發展一落千丈，而生產資料為少數人壟斷，人民的生計日苦。貧富懸殊所激起的工人運動風起雲湧，新的社會革命不可避免。面對這種新情況，有的中國人對西方社會採取了懷疑和否定的態度，轉而回歸中國傳統；而另外一些人則繼續觀察西方社會的發展，吸收西方的新思潮，對西方文化進行新的選擇。當時西方為瞭解決這個社會問題提出了各種方案。其中，社會主義思潮和運動是影響最大的，思潮的流派眾多，運動聲勢浩大。作為關心世界潮流和中國命運的改革家，孫中山和梁啟超都率先學習和吸收西方的社會主義學說，加以消化，並結合中國實際進行自己的思考和選擇。由於各自的出身和所受的教育不同，對中國國情瞭解的程度不同，以及對社會發展動力的看法不同，等等，他們對什麼是社會主義以及在中國如何實行社會主義有著很多不同的觀點。但由於他們又都是為中國繁榮富強而鬥爭的戰士，有著相同的追求，這些

不同的觀點又有著互補共存的關係。回顧前人對社會主義的思考和追求，有益於今天我們建設有中國特色的社會主義事業。

一　孫、梁對社會主義的基本態度

走向世界關注西方的孫中山和梁啟超，是中國最早接觸和介紹西方社會主義思想的人。歐美的社會主義運動在兩人思想上造成了相同的印象，這就是社會主義運動是對資本主義罪惡膨脹的一種抗爭，是自然的合理的運動。他們對社會主義同樣都抱有肯定和贊成的態度，也都認識到社會主義是中國將來的前途，但又都認為以階級鬥爭為革命手段這一方式給人類帶來痛苦，給社會造成破壞，應該加以避免。

孫中山一八九六年在倫敦蒙難後半年多的時間裏，在大英博物館等處圖書室認真研讀西方國家有關政治、經濟、法律、軍事、外交、農業、畜牧、礦業以及機械工程等方面的書籍，並參觀考察英國社會狀況，對歐洲的社會主義革命運動開始有所瞭解，而由始知道富強發達的歐洲列強還未能使人民幸福，所以歐洲志士掀起社會革命運動，是為第二次革命。歐洲的革命是分兩次完成的，孫中山為了使中國避免第二次革命的痛苦，提出了政治革命和社會革命畢其功於一役的思想。一九〇三年十二月，孫中山在覆某友人函中說：「所詢社會主義，乃弟所極思不能須臾忘者……歐美之富者富可敵國，貧者貧無立錐……夫歐美演此懸絕之慘境，他日必有大衝突……然則今日吾國言改革，何故不為貧富不均計，而留此一重罪業，以待他日更衍慘境乎？」[1]一九〇五年，孫中山正式提出民族、民權、民生三大主義，民生主義指的就是社會主義，因為孫中山和他的一些同志認為把 Socialism 譯為「民生主義」比譯為「社會主義」更為允當。

1　《孫中山全集》第一卷（北京市：中華書局，1981年），頁228。

　　孫中山是個偉大的愛國者和革命家，他對人民充滿了熱愛和同
情，他不是為少數的資本家利益服務的政客，而是為全體人民謀幸福
的領袖和偉人，所以他提出中國要避免出現資本家壓迫剝削工人、陷
人民於貧困痛苦的慘境，因為這樣的社會不是他所追求的社會。他在
民國初年的多次演說中，對這個問題談得特別多。一九一二年四月一
日，他在南京同盟會會員餞別會上說：「未經社會革命一層，人民不能
全數安樂，享幸福的只有少數資本家，受痛苦的尚有多數工人。」[2]
一九一二年四月十日他在武昌十三團體聯合歡迎會作演說時也談到：
「今吾國之革命乃為國利民福革命，擁護國利民福者，實社會主義，
故欲鞏固國利民福，不可不注重社會問題。夫美洲之不自由，更甚於
專制國。蓋專制皇帝，且口不離愛民，雖專橫無藝，猶不敢公然以壓
抑平民為幟志。若資本家則不然，資本家者，以壓抑平民為本分者
也。對於人民之痛苦，全然不負責任者也。一言蔽之，資本家者，無
良心者也。」[3]一九一二年四月十七日他在上海中華實業聯合會歡迎
會上說：「僕之宗旨在提倡實業，實行民生主義，而以社會主義為歸
宿，俾全國之人，無一貧者，同享安樂之幸福，則僕之素志也。」[4]
不能讓資本家的新的專制暴政代替封建君主的舊的專制暴政，這是孫
中山考慮問題的新的角度，既然要壓抑資本家的專制暴政，那麼社會
主義便呼之欲出了。這是一個超越了資產階級革命階段的任務，也是
只有孫中山這樣具有人民性和進步性的革命家才能提出來的。

　　孫中山不希望由於資本主義大生產的發展而出現的資本家專制局

2　孫中山：〈在南京同盟會會員餞別會的演說〉，《孫中山全集》第二卷（北京市：中
　　華書局，1982年），頁319。

3　孫中山：〈在武昌十三團體聯合歡迎會的演說〉，《孫中山全集》第二卷（北京市：
　　中華書局，1982年），頁333。

4　孫中山：〈在上海中華實業聯合會歡迎會的演說〉，《孫中山全集》第二卷（北京市：
　　中華書局，1982年），頁340。

面在中國重現，更不希望由於這種暴政的出現而要進行推翻資產階級專政的無產階級革命。所以，他說：「如果我們中華民國存在之日起就不去考慮如何防止資本主義在最近將來的滋生崛興，那麼等待我們的就是比清朝專制暴政還要酷烈百倍的新專制暴政，要掙脫這種新的暴政就必須用流血手段。那是何等暗淡的前途。」[5]梁啟超對社會主義的研究比孫中山不會晚多少，而他向國人介紹社會主義的文字則比孫中山發表得更早，而且一開首即介紹了「日爾曼人社會主義之泰斗」馬克思。他在一九〇二年十月發表的〈進化論革命者頡德〉一文中特別引述了頡德的話說：「今之德國，有最佔優勢之二大思想：一曰麥喀士（馬克思的最早漢語譯名）之社會主義，二曰尼志埃（尼采的早期漢語譯名）之個人主義。麥喀士謂今日社會之弊在多數之弱者為少數之強者所壓伏；尼志埃謂今日社會之弊在少數之憂者為多數劣者所鉗制。二者皆持之有故，言之成理。」[6]

一九〇三年梁啟超漫遊美國時，開始接觸到美國的社會主義運動。他在《新大陸遊記》中記載：「余在美洲，社會黨員來謁者凡四次。……其來意皆甚殷殷，大率相勸以中國若行改革，必須從社會主義著手云云。……余以其太不達於中國之內情，不能與之深辯，但多詢其黨中條理及現勢而已。……社會主義為今日全世界一最大問題，吾將別著論研究之。」他還說：「吾所見社會主義黨員，其熱誠苦心，真有令人起敬者。」[7]這時他在學習和考察資本主義，但他對社會主義並沒有拒絕接受，而是在認識和思考之中。

5　孫中山：〈中國革命的社會意義〉，《孫中山全集》第二卷（北京市：中華書局，1982年），頁326。

6　梁啟超：〈進化論革命者頡德〉，收錄於《飲冰室合集‧文集》之十二（北京市：中華書局，1989年），頁86。

7　梁啟超：《新大陸遊記》（長沙市：湖南人民出版社，1981年），頁48。

　　一九○七年，他寫了〈社會主義論〉一文，為吳仲遙所著之《社會主義論》作序，並闡明自己對於社會主義的一些看法。他立足中國，放眼世界，既關注中國，也關注世界，把中國和世界聯繫起來進行思考，認為社會主義是一個具有全球性意義的大問題，對中國會有很大的影響，值得加以重視和研究。他說：「社會主義，雖不敢謂為世界惟一之大問題，要之為世界數大問題中之一而占極重要之位置者也。此問題之發生，與國富之膨脹為正比例，我國今當產業萎靡時代，尚未有容此問題發生之餘地。雖然，為國民者，不能以今日國家之現象自安，明也。但使我國家既進步而得馳騁於世界競爭之林，則夫今日世界各國之大問題，自無一不相隨以移植於我國，又勢所必至也。然則社會主義一問題，無論以世界人類分子之資格，或以中國國民分子之資格，而皆不容以對岸火災視之。」[8]

　　辛亥革命後，梁啟超對於社會主義已有更多的認識，在探索中國要不要實行社會主義的問題上逐漸有了自己的想法。這種思想開頭散見於一些歸國演說辭中，後來則在一九二一年的〈覆張東蓀書論社會主義運動〉一文中進行了系統的闡述。

　　可以肯定的是，梁啟超看到資本主義是一個不公平的社會，資本家十之八九是「將本求利」之徒，資本主義的罪惡他也是看得很清楚的，對勞動人民疾苦的同情使他對資本家和資本主義的罪惡深深痛恨，但他又感到需要發展資本主義生產來振興中國經濟，所以在要不要用社會主義的方法限制、消滅資產階級的問題上，他陷入了苦悶矛盾的思考之中。

　　梁啟超認為，在歐洲與美國提出實行社會主義，是用以解決經濟上不平等的問題，是社會發展到現階段所提出的要求，所以自己對於

8　梁啟超：〈社會主義論序〉，收錄於《飲冰室合集‧文集》之二十（北京市：中華書局，1989年），頁1。

社會主義本身何去何從已經沒有什麼疑問，而「確信此主義必須進行」。他說：「歐美目前最迫切之問題，在如何而能使多數之勞動者地位得以改善」；「故在歐美倡此主義，其旗幟極簡單明瞭，亦曰無產階級與有產抗爭而已。……歐美忠實求業之人，略皆有得業之機會，但其操業所應得之利益，有一部分被人掠奪，社會主義運動，則謀所以抗正之恢復之，其事為適合於多數人地位上之要求」；「『勞動者地位改善』之一語，在歐美言之，則一針見血」。[9]也就是說，梁啟超是贊同歐美國家的社會主義運動的，認為是改善多數勞動者地位的運動，是必須進行的運動。而在中國，梁啟超雖然認為目前還沒有實行社會主義的條件和需要，但仍認為社會主義是中國將來的前途，資本主義不過是一個過渡階段而已。當中國的工人階級（他稱為勞動階級）成長起來之後，便可實行。並認為由於外國資本家大量湧入中國，中國的工人階級將會擔負起埋葬世界資本主義的重大責任。他寫道：「資本主義，必非國家終局之目的明矣。不過藉以為過渡」；「吾確信在稍遠之將來，必有全世界資本家以中國為逋逃藪之一日，而中國勞動階級最後之戰勝，即為全世界資本主義根株斷滅全世界互助社會根本確立之時」。[10]

可見，梁啟超對社會主義是持肯定和贊同的態度的，認為在歐美是必須進行的運動，而在中國也是將來要進行的運動。

相同的社會歷史背景、相同的憂國憂民思想感情使孫中山和梁啟超認同了社會主義，並看到走社會主義道路是中國的前途。但由於對社會主義的瞭解還較膚淺，他們也都不約而同地產生了誤解，以為中國實行社會主義要比歐美更為容易。

9　梁啟超：〈覆張東蓀書論社會主義運動〉，收錄於《飲冰室合集・文集》之三十六（北京市：中華書局，1989年），頁1至12。

10　同上。

　　比如，有的人認為社會革命必須人民有最高程度才能實行，中國
雖然將民族、民權兩革命成功了，社會革命卻只好留以有待。孫中山
反駁說：「這句話又不然。英美諸國因文明已進步，工商已發達，故
社會革命難。中國文明未進步，工商未發達，故社會革命易。英美諸
國資本家已出，障礙物已多，排而去之故難。中國資本家未出，障礙
物未生，因而行之故易。然行之之法如何？今試設一問，社會革命尚
須用武力乎？兄弟敢斷然答曰：英美諸國社會革命，或須用武力，而
中國社會革命，則不必用武力。所以，剛才說，英美諸國社會革命
難，中國社會革命易，亦是為此。中國原是個窮國，自經此革命，更
成民窮財盡，中人之家已不可多得，如外國之資本家，更是沒有。所
以，行社會革命是不覺痛楚的，但因此時害猶未見，便將社會革命擱
置，是不可的。譬如一人醫病，與其醫於已發，不如防於未然。吾人
眼光不可不放遠大一點，當看至數十年、數百年以後，及於全世界各
國方可。」[11]孫中山又說：「欲解決土地問題，我國今日正一極佳時期
也。趁此資本未發達，地價未加增之時，先行解決，較之歐美，其難
易有無可同日以語。」[12]

　　梁啟超也說過類似的話。他說：「大抵極端之社會主義，微特今
日之中國不可行，即歐美亦不可行，行之其流弊將不可勝言。若近來
所謂國家社會主義者，其思想日趨於健全，中國可採用者甚多，且行
之亦有較歐美更易者。蓋國家社會主義，以極專制之組織，行極平等
之精神，於中國歷史上性質，頗有奇異之契合也。以土地盡歸於國
家，其說雖萬不可行，若夫各種大事業如鐵路、礦務、各種製造之

11　孫中山：〈在南京同盟會會員餞別會的演說〉，收錄於《孫中山全集》第二卷（北京
　　市：中華書局，1982年），頁319-320。

12　孫中山：〈在上海中國社會黨的演說〉，收錄於《孫中山全集》第二卷（北京市：中
　　華書局，1982年），頁520-522。

類，其大部分歸於國有，若中國有人，則辦此真較易於歐美。」[13]

二　孫、梁社會主義觀的內容和實質

十九世紀後期，西方的社會主義流派多種多樣，據粗略統計，世界各國的社會主義派別有五六十種之多，研究學者有千百家，出版的研究著作有千百種。對於萬花筒一樣的西方世界和西方思潮，先進的中國人如何去認識、鑒別和挑選，從而找到自己合用的東西便十分重要。

孫中山與梁啟超對社會主義的認識都經歷了一個不斷變動和深化的過程。由於時代的局限，他們的認識不可能達到科學社會主義的高度，而他們的社會主義觀也缺乏系統嚴謹的理論基礎，直觀感受的成分比較多，表達得也比較含糊。孫中山從中國實踐可能性出發吸收各種社會主義流派的思想，形成了他自己的富有創造性和綜合性的社會主義思想；而梁啟超則從學理的準確性出發把握社會主義的實質，形成了保守、漸進的社會主義思想。

辛亥革命前，孫中山在世界各地遊歷，接觸到當時流行的社會主義思想，他對社會主義思潮發生、發展的歷史以及各種社會主義派別的理論有較多的瞭解，特別注意到「社會主義中的聖人」馬克思對社會主義學說的建樹，並給予了高度的評價。

孫中山說：「嘗考歐西最初社會主義之學說，即為『均產派』，主張合貧富各有之資財而均分之。貧富激戰之風潮既烈，政府取締之手續亦嚴；政府取締之手續既嚴，黨人反抗之主張益厲。無政府主義之學說，得以逞於當時，而真正純粹之社會主義，遂淹沒於雲霧之中，

13　梁啟超：《新大陸遊記》（長沙市：湖南人民出版社，1981年），頁48。

縹渺而不可以跡。厥後有德國麥克司（即馬克思）者出，苦心孤詣，研究資本問題，垂三十年之久，著為《資本論》一書，發闡真理，不遺餘力，而無條理之學說，遂成為有系統之學理。研究社會主義者，咸知所本，不復專迎合一般粗淺激烈之言論矣。惟現社會主義，尚未若數理、天文等學成為完全科學，故現在進行，尚無一定標準，將來苟能為科學一種，則研究措施更易著手。」[14]「社會主義學者……最初之思想甚屬簡單，固未嘗為事實上計也。厥後學說精進，方法穩健，咸知根本之解決當在經濟問題，有是亨氏之土地公有，麥氏之資本公有，其學說得社會主義之真髓。」[15]孫中山雖然認為馬克思學說是社會主義的「真髓」，但他對馬克思學說的理解有偏頗，特別是忽略了它的革命性。所以，他在介紹馬克思主義時，只是說它「方法穩健」，並說它是一種和平解決勞資矛盾的方法：「各國社會主義者鑒於將來社會革命之禍，岌岌提倡麥克司之學說，主張分配平均，求根本和平之解決，以免激烈派之實行均產主義，而肇攘奪變亂之禍。」[16]

孫中山除了認為馬克思學說是社會主義的真髓以外，還認為亨利・喬治的學說也是社會主義的真髓，也應加以吸收。同時又結合了中國古代的大同思想、平均主義思想和累世同居的原始共產主義思想以及考慮到中國當時的國情，從而提出了帶有他個人特點的、比較接近於資產階級的社會改良主義但在達到人類社會發展的終極目標和手段上又與之有重大差別的社會主義思想。無以名之，只能說它是孫中山式的社會主義。

孫中山認為社會主義是人類的福音。他說：「社會主義者，人道

14　孫中山：〈在上海中國社會黨的演說〉，收錄於《孫中山全集》第二卷（北京市：中華書局，1982），頁506。

15　同上書，頁518。

16　同上書，頁520。

主義也。人道主義，主張博愛、平等、自由，社會主義之真髓，亦不外此三者。實為人類之福音。我國古代若堯、舜之博施濟眾，孔丘尚仁，墨翟兼愛，有近似博愛者也，然皆狹義之博愛，其愛不能普及於人人。社會主義之博愛，廣義之博愛也。社會主義為人類謀幸福，普遍普及，地盡五洲，時歷萬世，蒸蒸芸芸，莫不被其澤惠。此社會主義之博愛，所以得博愛之精神也。」[17]

關於社會主義社會的形態，孫中山作了這樣的描述：「鄙人對於社會主義，實歡迎其利國福民之神聖，本社會之真理，集種種生產之物產，歸為公有，而收其利。實行社會主義之日，即我民幼有所教，老有所養，分業操作，各得其所。我中華民國之國家，一變而為社會主義之國家矣。」[18]孫中山關於社會主義社會的形態，雖然論述得不是很充分和完全，但生產資料公有，物質極為豐富，人民各盡所能，老幼病弱者皆有所養，社會關係平等、自由、博愛等基本內容都已包括在內。孫中山還認為，社會主義和共產主義是兩個不同階段，共產主義為社會主義之上乘。在共產主義階段，「人在社會之中，各盡所能，各取所需，不相妨害，不相競爭，郅治之極，政府遂處於無為之地位，而歸於消滅之一途」。但是，由於「今日一般國民道德之程度未能達於極端，盡其所能以求所需者尚居少數，任取所需而未嘗稍盡所能者，隨在皆是」，所以現在談無政府共產主義還為時過早，但對於人類未來社會發展的方向是社會主義和共產主義社會，孫中山是同意的，而且認為這就是他心目中的大同之世。這些論述是符合社會主義的一般原則的。

梁啟超對社會主義社會的形態沒有予以專門的論述，但認同它是人類社會發展的最高境界則是無疑的。他說社會主義是大同太平之

17　同上書，頁510。

18　同上書，頁523。

世，是最平等的理想[19]，是「全世界資本主義根株斷滅全世界互助社會根本確立之時」[20]。他沒有對這個社會形態的具體內容進行說明，他更多地把社會主義作為一個運動來加以研究，對這個運動的目的、本質、階級基礎有比較深刻的認識。比如，他認為社會主義運動的目的是要改善工人階級地位，實質是要對社會經濟組織進行根本的改造，運動的階級基礎或主體是工人階級。這種認識水準在中國當時是沒有多少人能達到的。由於對社會主義的實質有比較清楚的認識，所以他能把社會主義和資產階級改良主義區別開來。梁啟超在〈國際勞工規約評論〉中說：「社會主義是要將現在經濟組織不公平之點根本改造。改造的方法雖然種種不同，或主共產，或主集產，或主生產事業全部由能生產的人管理，或主參一部分，或用極端急進的手段，或用和平漸進的手段，要之，對於現在的經濟組織，認為不合人道，要重新組織一番。這就是社會主義。什麼是社會政策？它是在現在的經濟組織之下，將那些不公平之處，力圖救濟，救濟的方法，或從租稅上求負擔平均，或保護勞工，不叫資本家虐待，雖然許多良法美意，卻與根本改造無涉。」[21]即他認為第一次世界大戰後巴黎和會上所簽署的《勞工規約》只是西方國家的政府在勞工運動的強大壓力下制定的一種改良主義的社會政策，而不是推行社會主義。社會主義是與勞工階級相聯繫的事業，是以勞工階級為主體的事業，梁啟超對社會主義的階級性、社會主義的動力有非常明確的認識。他在〈覆張東蓀書

19　梁啟超：〈俄羅斯虛無黨〉，收錄於《飲冰室合集‧文集》之十五（北京市：中華書局，1989年），頁30。

20　梁啟超：〈覆張東蓀書論社會主義運動〉，收錄於《飲冰室合集‧文集》之三十六（北京市：中華書局，1989年），頁1至12。

21　梁啟超：〈國際勞工規約評論〉，收錄於《飲冰室合集‧專集》之二十三（北京市：中華書局，1989年），頁151。

論社會主義運動〉一文中更加鮮明地指出:「以社會主義運動的立場
而論,欲此主義之傳播與實現,不能不以勞動階級(指工人階級)為
運動之主體,勞動階級不存在之國家,欲社會主義之實現,其道無
由」;「有勞動階級,然後社會主義運動有所憑藉」。[22]

由於孫中山與梁啟超對社會主義的實質有不同的理解,所以對如
何在中國實行社會主義便有著不同的主張。

孫中山認為,在中國實行社會主義是刻不容緩的。除了以上談到
的,社會主義與孫中山夢寐以求的為人民謀福利的宗旨符合,中國必
須預早防止資本主義弊病出現等原因外,還因為孫中山把社會主義等
同於「國家資本主義」。在孫中山心目中的「國家社會主義」、「集產
社會主義」,實際上是「國家資本主義」,而國家資本主義在當時是有
實行的可能性的。

孫中山主要採用了亨利・喬治的「單稅社會主義」,主張土地公
有;又採納了馬克思的《資本論》,主張資本公有。綜合二人的學
說,而成自己的社會經濟政策。孫中山的地價稅方法部分得自約翰・
穆勒的地價稅方法,也多少受到英國在殖民地實行的地價稅方法的影
響。孫中山的「節制資本」的思想則來源於德國俾士麥的社會政策。

孫中山的社會主義的經濟制度和政策,核心是土地公有和資本公
有,那麼在中國如何推行呢?

土地公有,具體做法是規定地價和徵收地價稅。「即調查地主所
有之土地,使定其價,自由呈報,國家按其地價,徵收地價百一之
稅。地主報價欲昂,則納稅不得不重,納稅欲輕,則報價不得不賤。
兩而相權,所報之價,遂不得不出之於平。國家據其地價,載在戶

22　梁啟超:〈覆張東蓀書論社會主義運動〉,收錄於《飲冰室合集・文集》之三十六
　　(北京市:中華書局,1989年),頁1至12。

籍，所報之價即為規定之價。此後地價之增加，咸為公家所有，私人不能享有其利，地主雖欲壟斷，其將何辭之可藉哉？」[23]當時，孫中山的這個想法，由廣東率先回應，並提出了議案交省議會議決。這個主張，其實是防止地主壟斷土地、無償地分沾資本主義發展後的高額利潤的不合理現象。土地歸公後，地稅收入和國家據地價徵地二項也有利於國家發展資本主義事業。

　　至於資本公有，是指大資本公有。因為中國沒有什麼大資本家，也談不上壟斷，據孫中山的看法，不必沒收資本家的資本，其實是保留了中小資本家的財產。這對於中國資本主義的發展是有利的。孫中山的政策是防止大資本家的發生，他的做法是大資本國有化。那麼，中國的大資本企業如何發展呢？孫中山認為應先發展鐵路，用交通帶動其它生產事業的興旺。他曾提出，可以用中外資本辦全國鐵路，四十年後盡收為國有，國家用土地和鐵路的收入，興辦生產事業，利也歸公。「則大公司大資本盡為公有之社會事業，可免為少數資本家所壟斷專制矣」。他在廣東的一次演講中也說過：「國家社會主義云者，國家各種大事業由政府借債經管，如農田、水利、鐵道、電氣及其它可專利的事業概收歸為國營。」[24]

　　孫中山是這樣看的：中華民國是人民的國家，公有即為國有，國有也即民有。「國家以所生之利，舉便民之事，我民即共用其利。」公共事業的利潤既大，工人的工資，便可按社會生活程度漸次增加，人民的生活不斷得到改善。這就是國家社會主義。但孫中山忽視了一個問題，就是國家政權的階級屬性。他把十九世紀末二十世紀初德國、法國、比利時等資本主義國家所採取的一些國有化措施都視為

23　《孫中山全集》第五卷（北京市：中華書局，1982年），頁522。
24　《孫中山全集》第五卷（北京市：中華書局，1985年），頁561。

「國家社會主義」，把中華民國這個資產階級的政權也說成是人民的政權。而且，他的土地國有政策沒有消滅地主，資本國有政策沒有消滅資本家，勞動人民的社會地位沒有根本的改變，即使他的社會主義實現了，也不是真正的社會主義。

由此可見，孫中山的社會主義在實質上是一種防止私人資本壟斷國家經濟命脈、避免出現貧富懸殊惡果的發展資本主義的思想。也可以說是孫中山心目中的中國式的資本主義發展道路。他強烈地希望中國富強，同時又熱切地希望人民幸福，他感到中國需要發展資本主義生產力，又要避免資本主義社會的弊病，而社會主義所提倡的生產資料公有制可以達到他的願望。由於他的主張已經吸取了當時歐洲的某些社會主義原則，成為資本主義和社會主義的混合體，所以孫中山把他的國家資本主義名之為「國家社會主義」。雖從嚴格的意義上說，孫中山的社會主義思想實質上是一種資產階級的改良主義思想，但孫中山把這種思想運用於中國的社會實踐，問題就不是這樣簡單了。中國正在尋找一條自己的發展道路，這條路既源於歐美，又高於歐美，這就需要根據中國的實際，選擇吸收當時國際上先進的思想理論，創造出新的社會模式。孫中山的中國式資本主義道路其價值在於，當中國政權的階級性發生根本變化之時，便可以轉變為中國式的社會主義道路。孫中山的創造性思維對中國走出自己的社會主義道路有極大的啟發意義。

與孫中山急切要求中國馬上實行社會主義不同，梁啟超在這個問題上顯得保守、緩進和注重階段性。這與他正確理解和嚴格遵守社會主義的原理有關。他認為社會主義是自由資本主義極度發展的產物，社會主義是勞工階級為自己而建立起來的自由平等的、合乎人道的經濟組織，社會主義的發生和發展是一個自然的歷史過程，中國在資本主義尚未發展、勞工階級尚未成長之時，還談不上實行社會主義。

　　他說，社會主義運動是一個以工人階級為主體的運動，而中國基本上還是一個農業社會，沒有多少個真正意義上的工人，「吾以為社會主義所以不能實現於今日之中國者，其總原因在於無勞動階級」，要「借資本階級以養成勞動階級為實行社會主義之準備」；「社會主義運動不可逾越之階段，殆如此」。[25]

　　梁啟超為中國所謀劃的是一條從資本主義過渡到社會主義的道路，但這條道路的走法與歐美國家是不同的。這就是把資本主義視為向社會主義過渡的階段，在資本主義階段中，既要利用資本家以發展生產力，又要防止資本主義所隨帶的罪惡的膨脹，在發展生產的同時，也要防止分配的不公。

　　梁啟超把社會主義看成是工人階級的事業，所以他把社會主義實現的希望寄託在工人階級的身上，特別是中國工人階級的身上。他說：「全世界資本主義之存滅，可以我國勞資戰爭最後之勝負決之。」也就是說，他認為中國無產階級戰勝資產階級，實現社會主義的一天，也就是全世界資本主義消滅，進入世界大同的時刻。他是基於這樣的思路：歐美資本家在本國已經陷入了無產階級的包圍之中，不久的將來，必有全世界資本家以中國為逋逃藪之一日，所以一舉把全世界資本主義連根拔掉的任務，落在了中國無產階級的肩上，中國無產階級最後的勝利，便是宣告了全世界資本主義滅亡的消息。

　　但由於梁啟超認為中國工人階級還沒有長成，其工會組織更是處於「胎教時代」，所以他把社會主義運動，放到了遙遠的未來。這種保守的主張，雖然符合社會發展的一般規律，卻沒有考慮到中國社會發展的特殊性，所以他受到了中國共產黨人的批判。

25　梁啟超：〈覆張東蓀書論社會主義運動〉，收錄於《飲冰室合集・文集》之三十六（北京市：中華書局，1989年），頁1-12。

可以看到，由於發展資本主義是中國當時的社會要求和趨勢，社會主義又是中國將來的前途，所以孫中山和梁啟超不約而同地提出了一條既發展資本主義，又限制資本主義的道路。

三　孫、梁對中國如何走社會主義道路的設計

在孫中山和梁啟超生活的十九世紀末二十世紀初，中國的資本主義還沒有發展起來，而西方的資本主義已經出現危機，革資產階級命的社會主義運動已經興起。中國如何追趕這個歷史潮流，在短時期中走完西方國家幾百年來走過的路，與世界一同進入自由、平等、博愛和幸福的大同之世，是每一個關心國家前途命運的思想家都在思考的問題。這個問題的核心，可以具體地歸結為如何處理資本主義和社會主義的關係。

面對資本主義在中國必然發展的趨勢，孫中山和梁啟超各自提出了限制資本主義過度膨脹的方法。

孫中山提出的是土地國有和發達國家資本、限制私人資本的主張。

孫中山把實現社會主義的希望寄託在領導國家的政府身上。他設想建立一個代表全體人民利益的善良政府，他說：「公天下，……就是把政權公之天下。」[26]主權屬於全體國民，做到「國有」即「公有」，「公有」即「民有」，一旦主要生產資料土地和資本國有化，社會主義便實現了。他想把因辛亥革命而建立的資產階級民主政府建成一個理想的政府，《同盟會宣言》中規定：「今者由平民革命以建國民政府，凡為國民皆平等以有參政權。大總統由國民共舉。議會以國民共舉之議員構成之，制定中華民國憲法，人人共守。敢有帝制自為者，

26　《孫中山全集》第八卷（北京市：中華書局，1986年），頁470。

天下共擊之！」他也認為西方資本主義國家的政府如果「常為人民謀幸福」，也可以成為「良好政府」，可以依靠它實行社會主義。第一次世界大戰後數年間，英、美、法等國政府為緩和工人階級的不滿增加了一些社會改良措施，孫中山便稱道此三國人民有「良好政府」[27]，做到了「少有所長，老有所養。未成年以前，國家設校以教之；壯歲以往，有各種農工商以役之；至於衰老，國家有年金以養之」[28]，是向著社會主義方向前進的一大步。可見，孫中山並不認為社會主義是某個階級領導的運動，而是由善良政府調和社會各階級的利益，促進社會進步的事業。這種社會進化觀點在他晚年表現得更為明顯，一九二四年他根據「歐美近年來之經濟進化」及其推行的階級合作措施，對馬克思社會主義的原則提出了懷疑，他說：「馬克思社會主義的目的，根本上主張要推倒資本家。究竟資本家應不應該推倒，還要後來詳細研究才能夠清楚。」[29]孫中山對於在中國甚至全世界，從資本主義過渡到社會主義應採取什麼手段和方式，有自己的思考和探索，提出了以國家政權為主導，以政權建設為核心的實現社會主義的道路，把建立一個代表人民的政權作為實現社會主義的關鍵，既有階級調和的傾向，亦有開拓人們思路的作用。

在實踐上，孫中山把社會主義運動的實質，看成是「預防大資本家發生」。他採取的措施，是「綁住一個，放開一個」，即綁住私人資本，放開國家資本。但是，當民族資本主義舉步維艱應該加以扶持的時候，過早地對還沒有發展起來的私人資本加以限制，不利於中國民族資本主義的正常發育。發展國有資本，對一切自然資源的開發以及對帶壟斷性的生產部門和大型企業的經營，均交由國家負責而不委諸

27　同上書，頁506。

28　同上書，頁349。

29　《孫中山全集》第九卷（北京市：中華書局，1986年），頁378。

私人，具有發達社會生產力和預防私人壟斷的雙重作用，是具有積極意義的。但其中也含有一些難以解決的問題。比如，對國家資本發展的道路，孫中山在國家極度缺乏資本無力舉辦大型企業的情況下，提出了借外資外財的辦法，帶有很大的幻想性。他有一句名言，「欲使外國之資本主義以造成中國之社會主義」[30]，甚至洋洋十萬言的《實業計劃》，也主要是希望西方國家把本來用於戰爭預算的巨額款項在大戰結束後轉而投向中國，實行國際資本共同開發中國。但是，這個想法，在當時的國際環境中，還不可能實行。另外，國有資本如何管理才能不至於落入官僚手中，成為官僚資本，也是一個值得注意的問題。一個政權剛剛脫胎於數千年的封建社會，雖然制定了一些資產階級的法律和頒佈了一些資產階級的宣言，但整個政權要真正資產階級化卻是一個長期的任務，極為濃厚的封建思想和衙門作風滲透在各級政治機構中，各級官吏的素質也很成問題。在一個帶有濃厚封建性的新生資產階級政府中，過快地實行土地國有和資本國有，無異於又把全國的生產資料集中到一批不懂生產的官僚手中，可以想見，洋務運動官辦企業的弊端將重新出現。這樣，中國的經濟是不可能搞好的。孫中山所設想的中國經濟蓬勃發展的前景和社會主義的極為豐富的物質條件將很難實現，社會主義也只是一句空話。

梁啟超在這個問題上與孫中山有較大的分歧。

梁啟超認為高度發展的社會生產力和高素質的工人階級隊伍是社會主義實現的前提條件，而這個條件的創造離不開資本主義的發展，所以他主張首先要順應時勢，大力發展資本主義。而且，國家貧窮、人民失業的現實也使梁啟超認定只有發展資本主義大生產才能救貧救死。所以，他明確地提出，社會主義若不談生產只談分配，其運動是毫無意義的。

30　《孫中山全集》第六卷（北京市：中華書局，1985年），頁398。

　　梁啟超說，中國的社會問題與歐美的社會問題不同：「歐美目前最迫切之問題，在如何能使多數之勞動者地位得以改善；中國目前最迫切之問題，在如何而能使多數之人民得以變為勞動者。……我國今日之大患，乃在全國人民十中八九，欲求一職業以維持生命，且不可得。歐美有業無產之人所處之境遇，在我國一般人視之，已若天堂。其已得有此境遇之人，方且兢兢守之，惟恐失墜。欲其冒險而從事於向上之運動，聞之將掩耳而走。抑此類人在全國中，不過占千分之一二耳。吾輩若專為此類人謀，而忘卻其它，則社會所能救濟者幾何？是故，『勞動者地位之改善』之一語，在歐美言之，則一針見血；在中國言之，則隔靴搔癢也。彼求進一工廠，每日做十二點鐘不停手之工，尚且費幾許情面方能得之，今乃告之曰：『汝何不加入八點鐘同盟也？』彼方躑躅街市，無所棲托，今乃告之曰：『汝宜要求加工價。』此真『何不食肉糜』之類也。故今日中國之社會運動，當以使多數人取得勞動者地位為第一義。地位取得，然後改善乃有可言。」[31]梁啟超清楚地看到了當時中國社會發展的要求是資本主義，這個階段是不可逾越的。

　　梁啟超還把發展中國的資本主義和對付帝國主義的侵略緊密聯繫起來。他認為，中國沒有大資本家，說明中國民族資本主義經濟很薄弱。要抗衡外國侵略勢力，爭取經濟獨立，沒有強大的民族資本主義經濟是不行的。應該竭力提倡發展中國自己的資本家，並發達其勢力，使其能與外國資本家相抵抗，從而使中國在世界上有自立之地。如果認為外國有社會主義，我國也不能不仿傚，而致不敢發展本國的資本家。那麼，外國資本家就會主宰中國的實業，控制中國的經濟

31　梁啟超：〈覆張東蓀書論社會主義運動〉，收錄於《飲冰室合集‧文集》之三十六（北京市：中華書局，1989年），頁1-12。

界，全國國民也會淪為外國資本家的奴隸。即使本國沒有資本家，中國人也還是受到資本家的壓迫剝削，只不過是外國的資本家而已。

他說：「在數十年前，中國人民尚有安居樂業之概，若夫今日，則全國困窮，各業凋蔽，人人有生計艱難之歎矣。我人曾亦知今日生計艱難之所由乎？是非世界無端而有變遷也，是乃各國之經濟勢力侵入我中國之後，破滅我中國之職業，吸盡我中國之利益故耳。譬如，以資本而言，則外國之公司資本，皆在數百萬數千萬以上，我中國之商業，則數千數萬之資本，已為大業。欲求一數十萬資本之業，實寥寥不可多得。況以生產之器具而言，則外人動以數萬馬力一日可成貨物無算之機器，為生產之器具。我中國則捨手工所用簡單粗樸之器具以外，尚有何種器具可名為生產之器具？……總之，中國今日之工商實已為外國經濟勢力所壓倒，無論何種職業，皆失其自存之力，非大為革新，以謀抵禦此潮流，則全國人民，捨為外國苦力以外無他事可圖也。……是以我輩之主張，則謂今日當竭力提倡中國之資本家，發達其勢力，以與外國之資本家相抵抗，庶我國之工商業，可以發達，而我國民尚有自立之地。若以外國有社會主義，我國亦不可不仿而行之，則捨全國國民為外國資本家之牛馬奴隸以外，又安有他種結果可言乎？」[32]所以，對於消滅資本家的主張，他是不贊同在中國實施的。他甚至認為，為了經濟的發展，「當以獎勵資本家為第一義」，即使「稍犧牲他部分人之利益，然為國家計，所不辭也」。[33]由於他對官辦企業無甚好感，而鼓勵私人資本的發展。

但梁啟超也主張對資本主義的發展實行限制，他說：「資本主義，必非國家終局之目的明矣。不過藉以為過渡，過渡之事物，而一

32　梁啟超：〈初歸國演說辭〉，收錄於《飲冰室合集‧文集》之二十九（北京市：中華書局，1989年），頁28。

33　梁啟超：〈社會革命果為今日中國所必要乎〉，載《新民叢報》第86號。

任其自然之運，必將成為尾大不掉，積重難返，雖將來終有剝復，然元氣所傷太多，非社會之福。」[34] 但限制的方法，他不著眼於限制生產而著眼於限制分配，他主張採用政府立法和社會監督，不容資本家過度掠奪剩餘價值，以致激化勞資矛盾。他說：「將來勃興之資本家，若果能完成其『為本國增加生產力』之一大職務，能使多數遊民得有職業，吾輩願承認其在社會上有一部分功德。雖取償較憂，亦可容許。惟當設法使彼輩有深切著明之覺悟，知剩餘利益，斷不容全部掠奪，掠奪太過，必生反動，殊非彼輩之福。對於勞力者生計之培養，體力之愛惜，知識之給與，皆須十分注意。質言之，則務取勞資協調主義，使兩階級之距離不至太甚也。」[35]

對防止私人資本壟斷國計民生方面，梁啟超提出了一個與孫中山不同但也很有見地的限製辦法，就是在發展資本主義生產的同時，也發展非資本主義的生產事業。這是在孫中山的「發達國家資本」之外的另一種改造私人資本的辦法。這種非資本主義生產事業，包括國營事業、地方公營事業和協作生產事業。特別是各種「協社」，可認為是勞動者自己經營的集體事業，是社會主義的生長點。他說：「現在為振興此垂斃之生產力起見，不能不屬望於資本家，原屬不得已之辦法，卻不能恃資本家為國中惟一之生產者，致生產與消費絕不相謀，釀成極端畸形之弊。故必同時有非資本主義的生產，以與資本主義的生產，相為駢進。一面政治上若稍有轉機，則國家公營地方公營之事業，便當畫出範圍，在人民嚴密監督之下，漸圖舉辦。一面各種協社，須極力提倡，以傳教的精神策進之，但使能得數處辦有成效，將來自可聯合擴充，倘能令生產的中堅力，漸漸由公司之手以移於協社

---

34 梁啟超：〈覆張東蓀書論社會主義運動〉，收錄於《飲冰室合集‧文集》之三十六（北京市：中華書局，1989年），頁1至12。

35 同上。

之手，則健實之經濟社會，亦可以成立矣。」同上。協社的發展，可以使全國生產之中樞，漸移歸公眾之手，這是梁啟超設計的從資本主義私有制向社會主義公有制過渡的辦法。

孫中山和梁啟超關於利用和限制資本主義的思想對我們有一定的啟發意義。

洪仁玕與基督教

洪仁玕（1822-1864），字益謙，廣東花縣人（今廣州市花都區）。太平天國干王。太平天國起義前數年，他開始學習基督教，一八五三年正式成為基督教徒，此後一直是基督教的信仰者和傳播者。他是晚清中國最早的基督教徒之一，而且是一個不平凡的信徒，他與基督教的關係，反映了十九世紀中葉基督教在華傳教的契機和困難。

一　洪仁玕與西方傳教士的關係

我們只要流覽一下洪仁玕的個人簡歷，便不難看到，他與西方傳教士的交往較早也較密切。洪仁玕一八四三年受洪秀全啟發，與洪秀全一起「拜上帝」。一八四七年，他和洪秀全前往廣州投美國傳教士羅孝全門下學道，這是他第一次接觸到外國傳教士。

洪仁玕在羅孝全處學習了《聖經》的漢譯本，閱讀了傳教士寫的勸世文，增加了基督教的知識，又參加了禮拜，學習了基督教的組織、儀式。一八五一年，當洪秀全在廣西發動起義並頭一次佔領城市的時候，曾派人回廣東召洪、馮兩姓族人參加他的隊伍，於是洪仁玕帶領族人前往，但到達約定地點時，隊伍已經轉移。由於清政府緝拿起義者及其親屬甚急，洪仁玕為了避禍，到了香港，一八五二年四月

見到了瑞典籍巴色會傳教士韓山文，要求加入基督教。他把太平天國
發動起義的經過口述給韓山文，由韓用英文寫成《太平天國起義記》
一書，由此得以把洪秀全的初期活動記錄下來。不久洪仁玕返回廣
東，一八五三年十一月又第二次赴香港，終於正式接受洗禮成為基督
教徒。洪仁玕的信教，與當時中國黑暗腐敗的社會狀況令人失望有
關，也與他自己被追捕尋求教會的庇護有關。基督教及其異端思想成
為中國反叛者的一個歸宿。

　　皈依基督教後，洪仁玕與傳教士接觸漸多。一八五四年春，他得
知太平天國定都南京後，想取道上海赴南京，但因交通阻梗，未能如
願，便在上海逗留了五個多月。其間，向倫敦會傳教士艾約瑟、慕維
廉等學習天文曆算，並幫助傳教士工作以維持生活。他在傳教士麥都
思的指導下，寫了一本注解新約的書，與許多傳教士建立了友好的關
係。折回香港後，因韓山文已故，洪仁玕為倫敦會接受，任倫敦會布
道師。一八五四至一八五八年四年中，他與倫敦會著名傳教士理雅各
共事約有三年，與湛馬士共事約一年。除從事傳教事務外，還努力
學習了西方的科學文化知識。據《洪仁玕自述別錄之一》載：其時，
他在「洋人館內教書，學天文、地理、曆數、醫道，盡皆通曉」。他從
廣泛接觸到的西方書籍中接受了西方政治、軍事、科技、經濟、文化
和宗教方面的知識。洪仁玕與西方人的交往很廣，據《資政新篇》所
記，與他「相善」的英、德、美和瑞典等國傳教士就有理雅各、湛馬
士、米士威、合信、慕維廉、艾約瑟、韋律、羅孝全、俾治文、花蘭
芷、黎力居、葉納清和韓士伯以及韓山文等二十二人。可見，洪仁玕
受西方傳教士的影響很深，他的西方知識也主要是得力於他們的傳授。

　　很多傳教士知道洪仁玕與洪秀全的親戚關係，想通過他的關係到
南京開禮拜堂。理雅各開頭反對洪仁玕去為叛逆效忠，後來知他已到
天京，便多次寫信給他，「希望他將可改正他們的許多錯誤」。艾約瑟

認為：「干王經過幾年基督教傳教士的指導和影響之後來到南京，可能對洪秀全的思想起點作用。」[36]另一傳教士楊格非也認為：「洪仁玕到南京也是饒有興味的事。……他對基督教、外國人和世界大事的知識，要比他的族兄（洪秀全）深刻和正確得多，他被封為干王，表示天王對他的欽佩與寵信。他的職位，將使他可以糾正天王的謬誤。」[37]西方傳教士想利用洪仁玕在太平天國中傳教，及利用太平天國擴大基督教在華影響的用心昭然若揭。

一八五九年，洪仁玕如願以償到達天京，他想把他學到的本事用來輔助天王。這些本事包括宗教、政治和科學技術各個方面。在宗教上，洪仁玕想糾正拜上帝教的「上帝說」，他在其著作《資政新篇》和《開朝精忠軍師干王洪寶制》等書中一再說上帝是個純靈，是無形的，否定上帝是人神同形的觀念。另外，又說上帝、基督、聖神風（聖靈）三位一體，並嘗試推行基督教倫理觀中關於「愛」的內容，論述「勿殺」的聖誡。他不相信東王的異夢（指其代天父傳言），不同意稱東王為聖神風和勸慰師。洪仁玕還在太平天國首次較準確地概述了耶穌一生的行跡，宣傳耶穌替世人贖罪的偉大愛心及意義，從而勸世人信教。總之，洪仁玕可以說是一個對基督教教義具有正確認識並真誠信仰的合格的教徒，他確實是想把拜上帝教改造為真正的基督教。他在一八六〇年六月〈致英教士艾約瑟書〉中說：「前於戊午由香港至京朝主，區區之意，實非有貪祿位，蓋欲翼贊王獻，廣擴福音，使率土之濱，掃清泥塑木雕之物，共歸天父上帝、天兄耶穌之聖教也。」[38]但是，到了洪秀全面前，在天王惟我獨尊的威嚴之下，洪

---

36 見《北華捷報》1860年7月4日第520號。

37 轉引自王崇武、黎世清編譯《太平天國史料譯叢》第一輯（上海市：神州國光社，1954年），頁123。

38 轉引自《中國近代史資料叢刊‧太平天國》第二冊（上海市：神州國光社，1952年），頁727。

仁玕在宗教問題上，很難有所作為。所以，他對艾約瑟表示了歉意：
「惟恨學識短淺，體道未深，是所歉仄。幸於接見真聖主以來，時蒙
聖訓指示奧義，其一切見解知識，迥出尋常萬萬，言近旨遠，出顯入
深，真足使智者踊躍，愚者省悟也。餘日侍聖顏，渥聆聖誨，故不覺
心地稍開，志趣略進，時覺此中樂趣無窮。迴憶此生得力之處，是皆
由昔與眾先生討論於前，今沐聖主訓迪於後也。」[39]這表示洪仁玕在
無可奈何之中，不想再對拜上帝教加以糾正，只想含混了事。對於基
督教和拜上帝教的歧異已經不想區別，只想調和。

　　一八六〇年八月，洪仁玕邀請洋教士到太平天國參觀。他在教士
們面前脫去長袍、王冠，遣走侍從的官員，然後與他們共進午餐。
「進餐前，他提議共同唱讚美詩並祈禱，他選了一首麥都思的詩，首
先唱起來，唱得既準確而又富於熱情和力量。接著由艾約瑟做了一個
簡單的祈禱，才就座進餐。」[40]洪仁玕對教士們說：「他從香港去南京
的唯一目的就是想在太平天國境內老百姓中傳播基督教。所以，他一
到南京便求他的族兄洪秀全准許他做這事，可是洪秀全不同意，堅持
立刻封他為王。雖然他很效忠天國，並決心與之共存亡，但他一再表
示，儘管現在位高權大，反倒不如以前在香港當傳教助手時快活。」[41]
一八六一年，洪仁玕又對他的好朋友覺士說：「傳教士不應該來到南
京。天王不允許除他自己以外的任何教義。」洪仁玕是忠於太平天國
事業的，也是忠於天王的，不會因為他和洪秀全在宗教上的分歧而影
響他們在政治上的合作，這自然會引起傳教士們的不滿。所以，理雅
各說：「……干王在他所處的地位，仍不能克服所遇到的種種困難，

---

39 同上書，頁728。
40 轉引自王崇武、黎世清編譯《太平天國史料譯叢》第一輯（上海市：神州國光社，
　1954年），頁139。
41 同上。

人們對他有多種責難，但實在是冤枉他的。然而，我們有理由深為憂慮，即他已經毀掉了信仰和良心。」[42]洪仁玕把宗教服從於政治，這不能不使傳教士們感到非常失望。

二　洪仁玕視基督教為西方文明之「上寶」

洪仁玕從接觸西方傳教士和西方宗教開始，進入了學習西方知識、認識西方世界的歷程。基督教是洪仁玕認識西方文明之媒，而基督教本身也是西方文明中一個重要的部分，所以洪仁玕不可能把宗教從西方文明中分離出來。且看他對西方文明的認識：「夫所謂上寶者，以天父上帝、天兄基督、聖神爺之風，三位一體為寶。一敬信間，聲色不形，肅然有律，誠以此能格其邪心，寶其靈魂，化其愚蒙，寶其才德也。中寶者，以有用之物為寶。如火船、火車、鐘錶、電火表、寒暑表、風雨表、日晷表、千里鏡、量天尺、連環槍、天球地球等物，皆有奪造化之巧，足以廣聞見之精，此正正堂堂之技，非婦兒掩飾之文，永古可行者也。」[43]「中地素以驕奢之習為寶，或詩畫美豔，金玉精奇，非一無可取，第是寶之下者也。」[44]從這兩段文字中可以看到，洪仁玕認為，西方文明是一個先進的、高於中國的文明。在西方文明這個總體中，又可以把其中的內容分為上寶、中寶和下寶三個層次。基督教是上寶，科學技術產品是中寶，而中國素所寶貴的驕奢之物則是下寶。他不但把基督教作為西方文化完整體系中一個不可

---

42 轉引自顧長聲著《從馬禮遜到司徒雷登》（上海市：上海人民出版社，1985年），頁133。

43 洪仁玕：《資政新篇》，收錄於國立北京大學文科研究所、北京大學圖書館編輯：《太平天國史料》（上海市：開明書店，1950年），頁30-47。

44 同上。

分割的部分接受下來，而且把它列為「上寶」，這便是洪仁玕的「西方文化觀」。洪仁玕對基督教與西方文明的關係，還有如下看法：

洪仁玕認為，從世界的範圍來看，基督教新教是西方強國的意識形態，凡是信仰基督教新教的國家，其國力必強。他說，英吉利為最強之邦，花旗邦（美國）禮義富足，兩邦皆以天父上帝、耶穌基督立教。另外，德國、法國亦是信上帝、基督之邦，邦勢亦強。而土耳其邦不信耶穌基督為救世主，仍執摩西律法，不知變通，故邦勢不振。俄羅斯邦百餘年前亦未信天兄，受人欺侮，後來大興政教，今亦為北方冠冕之邦也。他又列舉了亞洲的一些落後國家如波斯、馬來亞、蒙古、新加坡和印度等，因為信仰伊斯蘭教和佛教，拜偶像，故其邦多衰弱不振。實際上也是這樣，基督教新教對西方資本主義的發展起過積極的作用，而基督教本身也在資產階級革命的洗禮中得到了改造。洪仁玕並沒有對基督教與西方富強的關係做出理論上的研究，只是從歸納法上直覺地感知基督教與西方文明有不可分割的聯繫。

洪仁玕對於西方文明的總體認識比之一般的中國士大夫知識分子更為全面。而滿腦子儒家思想的中國士大夫們對基督教義充滿了鄙視。即使是主張學習西方的先進開明分子，也只是從某個角度去觀察西方世界，看到某一點好便主張學習某一點，他們認為西方文明這個整體是可以切割的，而且各部分可以孤立地存在，只要把它們逐個地從資本主義機體上切割下來，簡單地移植到中國的機體上便成了。因此，洋務派提倡中體西用，反對改變中國中世紀的政治專制主義傳統和精神信仰；維新派雖提倡改革中國政治但固守孔子學說。而洪仁玕對西方文化的總體認識，使他提倡學習西方的時候，一入手便體用並進，器道並學，學習的範圍比當時很多學人所提倡的要豐富得多，表現了他以更開闊的眼光引進西方資本主義文化的開放心態。從這點上說，洪仁玕較之同時代的改革人士走得更快更遠。

　　洪仁玕對西方文明的態度，啟發了中國人向西方尋找新的意識形態，成為中國人向西方尋找新精神、新道德的起點。但是，洪仁玕對西方的瞭解畢竟還少，沒有給中國人找到一個科學的、合理的先進文化意識形態，這是歷史給他的巨大局限。基督教的神學理論既背離科學，也背離了中國國情，中西文化的巨大反差和中國人對西方入侵者的敵視和反感，使基督教始終不能為大多數國人所接受。由於時代給洪仁玕的局限，使他無論對中國文化和西方文化都存在著認識上的缺陷。簡單地以基督教教義代替中國傳統的倫理道德，割斷了中國文化的歷史延續，事實證明是行不通的，中國的新倫理道德，要在中西文化的選擇和交融中重新結合而成。

三　洪仁玕尊崇基督教的動機和效果

　　如何看待和分析洪仁玕對基督教的尊崇？我認為可以考察一下洪仁玕尊耶教的動機和效果。

　　首先，讓我們考察一下洪仁玕尊耶教的出發點。上文提到，由於洪仁玕看到西方富強之邦皆信耶穌基督，便認為立耶教與致國強有必然的聯繫，既要學西方就必須把它的宗教也學到手。所以，他的第一個出發點是向西方學習強國之道，這個良好的願望是可以體會的。另外，他在與傳教士的接觸中，知道了耶教是勸人向善、提高道德水準、安定社會人心的思想工具，認為不妨吸收利用以改造中國人的素質。可見，第二個出發點是與提高中國人的道德水準和改進精神狀態有關。

　　他分析了中國的情況，認為中國國民素質低下，風俗澆薄，需要一種宗教提高人民的精神道德，但是他又認為中國原有的儒、釋、道三教是不能指導中國前進的，必須尋找新的宗教信仰，於是他提出了

以基督教作為提高人民精神道德的法寶。他說：「釋聃尚虛無，尤為誕妄之甚；儒教貴執中，罔知人力之難，皆不如福音真道，有公義之罰，又有慈悲之赦。」[45]也就是說，洪仁玕把信仰基督教作為挽救人心風俗敗壞的法寶，富國強兵的捷徑，希望藉此振奮人民的精神，推動中國的前進。他說：「甚矣習俗之迷人……且觀今世之江山，竟是誰家之天下。無如我中花（華）之人，忘其身之為花（華），甘居韃妖之下，不務實學，專事浮文，良可慨矣。請試言之：文士之短簡長篇，無非空言假話，下僚之稟帖面陳，俱是讒諂讚譽。商賈指東說西，皆為奸貪詭譎，農民勤儉誠樸，目為愚婦愚夫，諸如雜教九流，將無作有，凡屬妖頭鬼卒，喉舌模糊，到處盡成荊棘，無往不是陷坑」；「如男子長指甲，女子喜纏腳，吉凶軍賓，瑣屑儀文，養鳥鬥蟀，打鵪賽勝，戒箍手鐲，金玉粉飾之類，皆小人驕奢之習，諸如此類，難以枚舉。……凡此等弊，則立牧師教導官，親身教化之，憐憫之，義怒之，務去其心之惑，以拯其迷也」。[46]如果說洪秀全對西方宗教的吸收主要是「唯一真神」的觀念和「平均平等」的思想，那麼洪仁玕對西方宗教的吸收便主要偏重於宗教的價值觀念和教化作用，把宗教作為開民智、新民德的工具。洪仁玕說：「此理（基督教之理）足以開人之蒙蔽以慰其心，又足以廣人之智慧以善其行，人能深受其中之益，則理明欲去，而萬事理矣。非基督之弟徒，天父之肖子乎，究亦非人力所能強，必得聖神感化而然也。」同上。雖然基督教不是西方文化最先進和最優秀的部分，而且帶有濃厚的神學說教，但在資產階級科學精神和民主思想還沒有真正傳入的情況下，洪仁玕注意到

45 洪仁玕：《資政新篇》，收錄於國立北京大學文科研究所、北京大學圖書館編輯：《太平天國史料》（上海市：開明書店，1950年），頁30-47。
46 洪仁玕：《資政新篇》，收錄於國立北京大學文科研究所、北京大學圖書館編輯：《太平天國史料》（上海市：開明書店，1950年），頁30-47。

宗教對人的精神意識的重大影響，從而產生了利用它改造中國風俗人心的願望，具有一定的積極意義。

洪仁玕把人的精神道德，即所謂國民性的改造提到了重要地位，並認為可以通過吸收西方的精神道德優點進行改造，這就比士大夫階級堅持三綱五常的中國封建倫理道德要勇敢得多、革命得多。這種改造國民性的思想，可以說既是對魏源提出的要去除「人心之寐患」和「人才之虛患」，使中國「風氣日開，智慧日出，方見東海之民，猶西海之民」[47]的目標，予以有力的回應，也是對四十年後梁啟超「新民說」的提出做出了前期的探索。他們對提升中國人的民智和民德的努力，是一脈相承的。洪仁玕對耶教的吸收是否脫離了中國的實際？在中國當時儒家傳統文化根深蒂固和中國面臨反侵略鬥爭的背景下，要中國接受基督教確實不易。但是，耶教在太平天國風行一時卻是不可抹煞的歷史事實。而且，一個新的宗教有時會對人民起到意想不到的效果。

英國傳媒在報導太平天國起義時說：「太平軍在一千五百英里的長途進軍中，經過了人煙稠密的富饒地區。在亞洲戰爭中常見的奸殺擄掠，太平軍是用死刑來嚴加禁止的。他們較之清教徒更為嚴格地來對自己同胞所珍愛的各種官能享受進行內部戰爭。他們嚴守基督教的十誡，並且加以嚴格的解釋。丟邪眼，唱邪歌，以及一般激起淫慾放縱的事物，都被禁止和剷除。飲酒、吸煙、賭博、說謊和咒罵，尤其吸食鴉片，都是以一種絲毫不苟的道德決心予以禁止的。」[48]「許多年來，全歐洲都認為中國人是世界上最荒謬、最奇特的民族，他們剃髮、蓄辮、斜眼睛、奇裝異服，以及女人毀形的腳，長期供給了那些

---

47 魏源：〈籌海篇〉（一），收錄於《魏源集》下冊（北京市：中華書局，1976年）。

48 〔英〕吟唎：《太平天國革命親歷記》（上海市：上海古籍出版社，1985年），頁69。

製造滑稽的漫畫家以題材。同時，使中國人感到陶醉的閉關自守、迷信鬼神、妄自尊大也經常激起了歐洲人的嘲笑和輕視。可是，在太平軍中間，除了面貌之外，所有這些都已絕跡，甚至於他們的面貌似乎也有所改善，也許這是由於他們在身心兩方面都擺脫了奴隸地位的緣故吧。」[49]宗教雖然是一種非科學的東西，但也是中世紀農民的人生哲學和精神寄託。當偶像崇拜已經不能讓他們得到心靈的安慰和精神的歸宿時，信仰的崩潰便帶來了道德的墮落。這時，他們需要一種新的權威和力量鼓舞他們向前，而西方傳來的宗教適逢其時地被洪仁玕們順手拿來充當了這個歷史的不自覺的工具。基督教在太平天國起義初期的作用，說明中國社會需要新的意識形態加以改造。

應該指出的是，洪仁玕由於與西方傳教士關係密切，視西方人士為朋友、為兄弟，導致他對西方列強的侵略本性認識不清，對基督教入華的侵略性一面未能覺察，因而不能鮮明地揭櫫反侵略的旗幟，有力地指導反侵略的鬥爭。

太平天國是一個政教合一的政權，革命隨宗教而起，宗教隨革命而長，而太平天國的失敗也直接導致了拜上帝教銷聲匿跡。雖然基督教與拜上帝教不是同一個宗教，但是它們卻信同一個上帝。因此，拜上帝教的命運，導致基督教在華傳教更增加了困難。

王韜與早期中西交流
——以《循環日報》為中心

《循環日報》一八七四年二月四日創刊於香港。前十年，該報主筆是被後人譽為中國近代改革思想前驅的王韜，後期因王韜離開香港

---

49 同上書，頁51。

返回上海，由何冰甫、何雅選繼任總編。一九四一年因日本侵華戰爭蔓延到香港而停刊，抗戰勝利後復刊，至一九四七年最後終結，前後出版達七十三年，是一份歷史悠久、名聲很響的報紙。在王韜主持筆政的十年裏，《循環日報》對中國社會的影響不可忽視，它的特色可歸結為：（1）不遺餘力地傳播和普及西方知識，推介西方自然科學和社會科學成就；（2）及時反映中外時局變化，關注世界大勢；（3）鼓吹改革，推動洋務新政。《循環日報》在我國第一批由華人自辦的報紙中，是經營最為成功的一家，它具有鮮明的民族立場，最早公開提倡變法。過去對《循環日報》和王韜研究，沒有注意到它的文化觀念和文化取向，筆者試圖從中西文化交流的角度對該報早期報紙進行研究，以說明十九世紀七八〇年代王韜在溝通中西方面所作的努力及取得的效果。

一　黃勝、王韜創辦《循環日報》

一八四〇年，鴉片戰爭後中國被迫割讓香港與英國，英國隨即宣佈香港為免稅自由港。於是，外洋商船不再靠泊廣州黃埔，而是把香港視為中國領海內第一停泊處所，運來的貨物先在香港起卸存儲，再分運中國各處銷售，從中國出口的土貨，也多由珠江河直運香港，以逃避廣州海關的稅收。這樣，便使得鴉片戰爭前在廣州進行的大量中外貿易被吸引到香港，大量的中國商人、手工業者和雇工也被吸引到香港謀生。加上鴉片戰爭後二十年間廣東內地社會動盪妨礙了商業的正常運行，不少華僑和外國商人將其營業機關從廣州移設香港以圖安全。銀行、匯兌、運輸和郵政等輔助貿易的業務，也隨之遷徙。為了擴大貿易，在港西人開闢了多條航線，使香港與中國沿海各地和東南亞、日本、歐美等地的交通非常便利。到了十九世紀六七〇年代，香

港迅速崛起成為南中國新興的近代商城。

商業發展對信息的需求直接催生了近代報刊業。在歐美一些國家發達的商業城市中，商人們早就有了看報的習慣。在香港，最早創辦報紙的是西方人士，十九世紀四〇年代在香港出版的報紙可以考察的有九種。一八五三年後開始有華文報紙出現，但由於都是外國人出資創辦的，所以直接反映了外國人在華利益和貿易需求。香港開埠初期，外國商人為主要經濟推動力，到了七八〇年代，中國商人漸漸發展壯大，有後來居上之勢。據資料統計，一八七六年香港納稅最多的二十人中，有十二名歐洲人和八名華人；到一八八一年，香港納稅最多的二十人中，僅有三名歐洲人，卻有十七名華人。三名歐人納稅一萬六千零三十八元，十七名華人納稅九萬九千一百一十元。也就是說，到一八八一年，在香港最富有的商人中，無論是納稅總額，還是人均納稅額，華商已經超過了西商。[50]很多昔日為西商經營的項目，已為華商所參與或代替。華商的崛起，為中文報紙的興起和發展創造了客觀的有利條件，《循環日報》的創辦正好見證了這一歷史過程。它是由華人出資，由華人擔任主筆和經營管理，反映華人利益和立場的第一家華人報刊。

辦報既要資金，也需要人才。在廣州一口通商時期，官方嚴守中外大防的舊習，不與外國人接觸，但民間的中外交往卻在不事張揚中進行。除商業流通外，西人通過傳教、辦學等管道，通往社會下層。一部分民間人士最先接觸到西方文化，成為當時不可多得的瞭解西學的人才。

一八四七年，西人在澳門開辦的馬禮遜學堂，帶出了三名中國留美學生：容閎、黃寬和黃勝。黃勝歸國後，先在香港西人所辦的《德

---

50 劉蜀永：《香港的歷史》（北京市：新華出版社，1996年），頁101。

臣西報》中任職，後在英華書院的印刷局任印務監督。一八七三年，集資創辦了第一所中國人自辦的印刷廠——中華印務總局，一八七四年又出資創辦了《循環日報》。

王韜原籍江蘇吳縣，早年在上海墨海書館為西人當編輯。主要工作是為西書的中譯作文字的潤色和修改。一八六二年，王韜有通太平天國之嫌受清廷通緝，逃亡香港。他幫助英人理雅各翻譯中國經典為英文，因而得到一個遊歷歐洲的機會，在蘇格蘭一住兩年多，其間兩度赴法國。歐洲之行使他開闊了視野，對西方國家有親身瞭解，還養成了關注世界形勢變化的濃厚興趣和習慣。他於一八七〇年著《普法戰紀》，及時記錄和評述了震驚世界的普法戰爭。國人爭相購閱，還被譯成日文。此書的成功使王韜博得「識議宏遠」之譽，他已是當時一個不可多得的中西學兼通的名人。他同時也為香港《近事編錄》、《華字日報》等報刊撰文，後來還擔任過一段時期的《華字日報》編輯。王韜於辦報不但熟悉而且有獨到見解，是《循環日報》的靈魂。西方國家以報紙作為輿論工具，起到人民參與國政和監督政府的作用，王韜十分讚賞，決心學習。王韜的改革主張在《循環日報》中大量發表，他以英國為例指出發展工商業對國家強盛的重要作用，又提出仿傚英國式的資產階級立憲政體，這些思想都以「論說」的形式表達出來，使《循環日報》成為中國第一張公開宣傳變法的報紙，也是一張以議論見長的報紙。

輔助王韜的其餘幾個人均是民間窮苦的讀書人，其中廣東三水人胡禮垣為《循環日報》當翻譯，後來成為著名的改革思想家，與何啟一起寫了不少提倡效法西方改革中國政治經濟文化的論文。由於在香港出現了中國第一批瞭解西學的人才，《循環日報》就在他們的手中誕生了。

二　《循環日報》對溝通中西所作的努力

（一）溝通中西為《循環日報》之要務

　　近代報刊具有傳播社會信息、交流思想文化、表達政治意向的功能。《循環日報》創辦時正處於中國與西方世界接觸的早期，中國人對西方瞭解甚少，而西方之強大又使國人很想瞭解，所以它的創辦者們很自然地就把溝通中西作為自己的一個重要使命。王韜把辦報方針制定為「通外情、廣見聞」和「博採群言、兼收並蓄」。《循環日報》的評論說：「報中所登之事無非獨抒管見以備當事者採擇而已。……採錄海外事，凡土地之廣狹、風俗之強弱、技藝之良苦，言之綦詳，必隨事隨時譯而錄之者，蓋即孫子所謂知己知彼之意也。」[51]《循環日報》的啟事說：「本局是用博採群言，兼收並蓄。凡民生之休戚、敵國之機宜、製造之工能、舟車之往來及山川風土禍福災祥，無不朗若列眉。俾在上者知所維持，在下者知所懲創，此區區之微意也。……其有關中外者必求實錄，不敢以杜撰相承。」[52]當時華文報紙對西方消息的編輯工作不能令人滿意，原因是主筆者並不熟悉西方社會和文化，往往詳中而略外，且對西方世界的介紹總是不能做得恰當和準確。以王韜對中學造詣之深、對西學瞭解之廣，實具有溝通中西的良好條件，因此《循環日報》認為自己可以也應該成為中西溝通的橋樑。

　　報紙這類傳媒所具有的宣傳效應，常使政治家和商人對它青眼有加，因此辦報人以政客或商人居多，帶有較強烈的功利目的。王韜雖十分關注政治，但自從逃亡香港後，仕進之途已無望，在本性上他也

51　〈日報有俾於時政論〉，載《循環日報》1874年2月6日。

52　〈本局日報通啟〉，載《循環日報》1874年2月12日。

絕非商人，這種在野的文人身份確實有利於中西文化的溝通與交流，以他為主筆的《循環日報》便有了一種較多地擺脫孜孜言利而包容涵蘊廣大的文化氣度。過去對王韜的研究，較多注意他的變法言論，實際上作為一個文化變遷的見證人和推行者，他的思想遠遠越出了這個界線。他的沉潛於變法議論之下的文化思考多姿多彩，這種思考包括他對中國文化的估量、對西方文化的評價以及對中西文化的分析和比較。他不像鄭觀應那樣喜談經濟，不像薛福成那樣多言政務，也不像馬建忠那麼專心外交，他的言論包羅很廣，表現了一種宏觀的文化變革思想。

（二）欄目的安排和特色

《循環日報》的固定欄目有「香港目下棉紗花疋頭雜貨行情」、「各公司股份行情」、「京報全錄」、「羊城新聞」、「中外新聞」、「船期消息」、「電報」、「告白」等。除了「京報全錄」和「羊城新聞」兩欄外，其它欄目中都有西方世界的信息。中外貿易行情、中外商品價格、中外企業股票漲落、國際時事、中外交通、中外言論……翻開報紙，琳瑯滿目。而「中外新聞」欄目對西方報導最多。

在「中外新聞」欄中，幾乎每日有評論一篇，有時不止一篇。該報的評論文章，一般不署作者姓名，只有少數文章署名。後來有一小部分文章收入《弢園文錄外編》，世人才知為王韜所作。這個欄目的特點是信息量大、內容豐富、報導及時、夾敘夾議。現以一八七四年五月十六日為例作一統計。該欄共刊登了三十三條新聞，其中有關外國的新聞十八條，占總量的一半以上。報導的有美、英、日本、高麗、俄羅斯、荷蘭和阿比西尼等國，中國國內則有香港、澳門、廣州、佛山、上海、京師、臺灣和煙臺等地。內容有災害報導、商業消息、交通消息、社區新聞、國際關係、華僑情況、科技新知、宗教節

日、婚嫁異事、科舉考試、旅遊、教育、法制、醫學、洋務、罷工、
緝私、慈善等，內容豐富多彩，有聞必錄。不少新聞在最後還加上幾
句評論，申述編者的觀點，影響讀者的思想和社會的輿論。

　　「告白」一欄對宣傳和推介西方物質產品和精神產品也非常積
極。如一八八一年四月十九日有一則新書告白：「啟者，《地理全志》
一書本為前人所著，早已風行海內，談洋務者莫不仰之如泰斗，奉之
為南針。惟近世各國局面一新，古今異轍，惜此書作自咸豐初年，故
於時事不無遺缺。今本堂特請樑柱臣、區奉持二君詳細校訂，從新刊
印，舉二十年間大小列邦事無鉅細概已補入。並有風雨界圖、山河里
數圖及五大洲各國界限圖，一一敘列明晰易於稽查，共釘二本，白紙
價銀一圓五毫，赤紙一圓二毫。如蒙賜顧，在港請至九江巷口文裕
堂，在省請至沙基大街福音堂購買可也。」另一則告白是這樣：「屈
臣氏大藥房採選妙藥精製各項膏丹丸散……另有泰西各種奇巧製藥器
皿玩器雜物發售……溯洋人在中華賣藥者固以本藥房為始創第一家，
即中華向洋人購藥者亦以本藥房為最馳名，所制之戒煙精粉風行各省
外埠，迭蒙列位大學士督憲撫憲各大人分驗著效，陸續賞賜匾額。前
經布告，諒邀洞鑒……」類似的西書新書、西醫西藥、洋槍洋炮、西
方工業品等廣告每日均有好幾則。可見，及時傳遞西方先進科技和文
化信息也是「告白」欄的特色之一。

（三）全景式的西方世界掃描

　　因痛感中國不瞭解西方所造成的危害，《循環日報》對西方的介
紹不遺餘力。通觀它開始十年的報紙可見，它對西方世界的介紹是全
景式的，上至天文，下至地理，聲光化電，無所不談。涉及政治、經
濟、軍事、外交、科技、文化、教育、宗教和民俗及思想觀念等各個
方面，而且做到「隨事隨時譯而錄之者」。對西人言論也不時加以選

登，以收兼聽則明之效。這些做法對開通民智的作用極大。以下略舉數例：

政治方面有：〈英開議院〉（一八七四年二月九日），〈西人論日本新政〉（一八七四年六月一日），〈西報論中國當一變〉（一八七四年十二月二十九日），〈日本擬裁減官員三分之一〉（一八八〇年二月二十日），〈日民（日本人民）要求行泰西選舉議政局員之例〉（一八八〇年四月五日），〈英國黨人考〉（一八八〇年四月十五日），〈美舉總統〉（一八八〇年五月二十九日），〈美邦官制〉（一八八一年二月九日），〈合眾國總統加非路被刺顛末〉（一八八一年八月四日）。

經濟方面的有：〈印度種茶代煙〉（一八七四年二月九日），〈英國驗茶新章〉（一八七四年七月二十九日），〈西國招工月給庸值甚優，較之販人出洋相去天壤矣〉（一八七四年五月二十七日），〈中國宜亟設電線論〉（一八八〇年三月十二日）。

科技方面的有：〈西人李畢士利用光學原理改進照海塔燈〉（一八七四年五月二十六日），〈英國現造一鐵甲戰艦鞏固非常，能載八千多噸，機器可抵七千匹馬力〉（一八七四年五月二十七日），〈美國新法水雷〉（一八七四年六月一日），〈英國炮臺新法〉（一八七四年六月二十四日），〈自西人創設電線而信息通傳千里，有如咫尺〉（一八八〇年二月二十日）。

軍事外交方面的有：〈甲戌日本侵臺事件連續報導〉（一八七四年五月至十月），〈俄國朝廷主動與歐洲各國釐訂公法〉（一八七四年六月五日），〈泰西各國之例，凡簡派公使駐紮其都者，得以隨時瞻覲〉（一八七四年六月五日），〈論法圖越南〉（一八八〇年二月二十日），〈日本軍餉總數〉（一八八〇年三月十二日），〈英近日與日爾曼訂立約章〉（一八八〇年四月二日），〈俄廷擬築炮臺於黑龍江之西部〉（一八八〇年五月二十九日）。

　　風俗文化方面的有：〈普魯士禁天主教〉（一八七四年二月九日），〈英國新婚俗例〉（一八七四年三月二日），〈西國角力之戲〉（一八七四年三月二十六日），〈美國紐約州地理形勝〉（一八七四年五月二十五日），〈俄王嫁女之盛會〉（一八七四年五月二十七日），〈英律禁止買賣婢女〉（一八八〇年二月十七日），〈論港督振興文教〉（一八八〇年二月十七日），〈日人注意舟車，橫濱議設馬路〉（一八八〇年四月五日），〈埃及古跡〉（一八八〇年五月二十九日），〈西國日報之盛〉（一八八〇年七月二十八日），〈檀香山考〉（一八八一年三月十二日）。

　　這種全景式的世界掃描開闊了中國人的眼界，對「中國是世界中心」的舊觀念起到了強烈的衝擊和潛移默化的轉移作用。

三　《循環日報》的文化觀念及其影響

　　在中國和西方接觸的早期，中西兩種不同的文化觀念之間經常發生衝突、爭論和排拒。王韜通過《循環日報》以自己獨到的思想言論，提出對中西文化關係的看法和中西文化融會的新思維，對中國社會產生了積極的影響。

（一）「外患之來適足以強中國」的化害為利思想

　　一八四〇年和一八五六年發生兩次鴉片戰爭後，一八七四年又發生了日本侵略臺灣事件。日本在「明治維新」初見成效後迅速向外侵略擴張，中日矛盾激化，衝突頻繁，對抗尖銳。中國人在開展反侵略鬥爭的同時，排外情緒也高漲起來，不能正視西方的先進和主動積極地向西方學習。《循環日報》常發表「臥薪嚐膽、化害為利」的言論，力勸國人改變對「夷狄」傳統觀念，棄舊圖新，以西方文明來改

造落後的中國。一八七四年七月二十七日,《循環日報》評論西人觀點時說:「《西字日報》云,日本用兵於臺灣,久留不去,其與中國蓋岌岌乎有將戰之勢矣。……中國必當益整其海防倍精其兵法,將來或與歐洲諸國構釁啟爭。」文後的評論寫道:「嗚呼!外患之來適足以強我中國耳,惟西人之有此言則我之勵精圖治益不可緩,此正天所以提撕警覺我也。」希望中國從戰爭中得到警惕,並把戰敗當做上天的考驗,抓住機會,學習先進,迎頭趕上,把禍患化為動力,把危機轉化為振作的時機。

(二)中西文化互有優劣的文化互補思想及中西融合的世界趨同思想

　　一八七四年十二月某日《循環日報》刊登了一則外國評論,題名為〈西報論中國不能變通〉,其觀點十分尖銳,頗有振聾發聵的力量。文中批評「中國儒者既泥古而不能通,今其一切法度律例又但知守舊而不知從今,動以祖宗之成格不可不遵,聖賢之前規不可不守。……即有新奇之法絕不思一為仿傚,漠然視之。……故民間有奇才異能之士於西國之格致器藝奇技絕巧,其所製作可以裨益中國,而官吏聞之非惟不為之助反為之制,以為是輩欲取利耳。於是有忠之士懷才莫試,不得一展其所長」。又說:「中國遇有新法可獲利者則必妒忌之,以為孔孟之書俱在,未嘗教人熔取金銀以獲利也,凡市利者則目之為鄙夫。」西人對此種觀念甚為駭歎,認為是中國前進的巨大阻力。《循環日報》借西人之口表達了自己的意見,並寫下了編者按語:「以上皆西人所云,其言亦有中肯者。」[53]對西人批評中國儒者重

---

53 因該年十二月的《循環日報》無存,十二月的三則評論被上海《申報》轉載,故此文轉引自《申報》1874年12月22日。

義輕利、守舊不變的意見表示贊同，對守舊儒者阻擋社會前進的所作所為進行了鞭撻。與此同時，王韜又以署名文章指出，中國文化與西方不同，中國重精神道德，在中國的歷史上，中國文化的博大精深往往包容改造了武力征服中國的外族。以柔克剛，這是中國文化的優越之處。他說：「我中國收傚之法，無欲速，無見小利，能以至柔克至剛。初視之若以為無用，而久之且為其所化而不知。嗚呼，形而上者道也，形而下者器也。西國特偏於器之一端耳。將來六合之中其道大同，東西合一，四海相通，其時齊強弱、無大小，亦安有彼此之異，西人抑何所見之小也。」[54]王韜認為中西文化的趨同融會是歷史趨勢，天下各國將來必齊強弱無大小而歸於大同。中國文化的「道」與西方文化的「器」是各擅所長，「道」與「器」相結合會達到東西合一、四海相通的新境界。而西人不知中國文化的精髓，其見識是不夠遠大的。

（三）天道迴圈、人事變遷的進化思想

在上述評論發表後不久，《循環日報》又繼續發揮自己的文化見解。王韜以自己對世界歷史的認識指出，中國目前雖弱，但弱是可以改變的。由弱變強，合於天道迴圈之理，中國自不必灰心喪氣。他說：「苟以目前觀之，則強弱之勢似已形見，然強弱之機，弱即強之漸。普國昔常受制於法，而勃然以興不過十數年間耳，是豈英、法之所及料哉！他若意大利以盟主而中衰，俄羅斯以地廣而駸成，或日本改法而自強，暹羅求新而圖治，皆數十年中事也。……似乎數十百年以前，英可以縱橫於歐洲，至今日而地大物博僅思以自保。雖人事使

---

54 因該年十二月的《循環日報》無存，十二月的三則評論被上海《申報》轉載，故此文轉引自《申報》1874年12月22日。

然亦天為之也。天之所興不能廢，天之所亡不能存。不觀乎羅馬盛於漢，荷蘭盛於唐，西班牙盛於宋，葡萄牙盛於明，而今竟何如？今日者西人之輕我中國也甚矣，每挾其所長以淩我。嗚呼，是但知目前而已，未能默察天心，靜觀人事，由後而驗前，由古而徵今也。……道無平而不陂，世無衰而不盛，屈久必伸，困極必亨，此理之自然者也。」[55]正是這種世事變化無常、國家盛衰相繼的宇宙循環論支持著中國的改革者們，使他們對於中國前途抱有信心和希望。

《循環日報》創辦不久，即引起世人注意。上海著名華文報紙《申報》及時報導了其創刊的消息，表示祝賀。《申報》在介紹《循環日報》時稱：「披閱之餘則見聞廣大，筆墨精雅，正主筆乃是王紫銓先生，其餘幫辦想亦皆屬積學名士，故能識見高明，文藻淵博。」[56]次日，即轉載了《循環日報》的《荷蘭戰爭亞全》一條新聞。並且在日後不斷地轉載《循環日報》的新聞和評論，認為它是中國南方的輿論重鎮。《申報》的推重，擴大了《循環日報》的影響。

《循環日報》當時的銷路，現在已無法確知，但從其訂售點之多，可以想見。一八七四年五月二十日刊登的〈中華印務總局告白〉稱：該報「在國內各省會市鎮及別府州縣並外國諸埠，凡華人駐足之處，皆有專人代理銷售業務」。訂售點分佈在廣州、澳門、佛山、東莞、廈門、福州、牛莊、京都、日本橫濱、安南西貢、新加坡、三藩市、新金山、汕頭、寧波、上海、鎮江、九江、漢口、煙臺、天津以及日本長崎和神戶等，總計訂售點有三十多處，在廣東的訂售點有九處，可見其銷售網路相當大。當時國人對報紙不甚關注，但《循環日報》創刊後，其無隱無飾、直言不諱的作風和客觀及時的報導，獲得

---

55 見《申報》1874年12月23日。
56 見《申報》1874年2月13日。

了人們的喜愛，創辦中途，「各埠士商報名取閱者源源而至」[57]。在十九世紀七八十年代的中國，以報紙這種方式對人民大眾進行西方知識的普及，《循環日報》是走在全國前面的，其對中國社會產生的積極影響，應給予足夠的重視。

容閎：在中國和美國之間

一八五〇年的耶魯大學，可能不似今天的顯赫和具有世界知名度，但在這一年，這裏發生了一件至今令中國人難以忘懷的事情——它吸收了一名中國青年進校讀書。這個青年來自廣東香山縣，名叫容閎。正是這個受過耶魯大學薰陶的青年，二十多年後，以中國官方代表的身份帶領一百二十名中國幼童橫渡太平洋，赴美留學，開創了中國近代留學教育之先河。江澤民主席一九九七年訪美、胡錦濤主席二〇〇六年訪美，都特別提到耶魯大學和容閎的名字，並以此作為中美人民兩百多年友好交往的光輝例證。

一　走進耶魯大學

容閎（1828-1912），是南海之濱（具體地點是今珠海市的南屏鎮）一個貧窮家庭的孩子，到了七歲上學的年紀，他的父親連送他進私塾讀書的學費都幾乎交不起，是什麼機遇使他進入美國的大學讀書？今天的人可能想像不到，晚清時期到外國讀書是非常冒險和無奈的事。因為貧窮，容閎才被他的父親送到基督教傳教士在澳門開辦的教會學校讀書（這種學校不收學費且供食宿）。而因，為想找到一份

57　見《循環日報》1874年7月4日。

買辦或通事之類薪水較好的職業，容閎在馬禮遜學堂畢業後，家人又同意他跟隨他的老師布朗博士赴美求學。在鴉片戰爭前後，這並不是令人羨慕值得炫耀的事情，相反，在交通極其落後的年代，遠赴異邦骨肉分隔的痛苦、漂洋過海艱難險阻的旅途、背井離鄉人地生疏的困窘，都使國人把出洋視為畏途。

但是，容閎畢竟是受過九年西式教育的人，觀念更新，眼界比一般人開闊，在教會學校讀書時他曾寫過一篇文章：〈意想之紐約遊〉，對神奇的西方世界充滿了求知的渴望。一八四七年，他終於到達他嚮往已久的紐約。

麻省的孟松學校是美國當時最好的預備學校，布朗博士為他和另外兩名學生黃寬和黃勝辦好了入學手續，他心地善良的母親則當了他們的監護人，照顧他們的生活起居。兩年後，容閎決心繼續留在美國求學並把考入耶魯大學作為努力目標，他對渴望他盡快回鄉掙錢養家的母親說出了這個願望，請求她的諒解。容閎說：「自從來到這個國家，我把所有時間都用於學習英語，到去年冬天又學習了拉丁文和希臘文，以求符合大學的要求。」[58]

入學考試可以憑自己的努力，但學費如何籌措呢？孟松學校有一種為貧困生設立的獎學金，但受到資助者必須簽訂一個合約，承諾畢業後當一名傳教士。容閎拒絕了，他認為傳教並不能使他為自己的國家謀取最大的福利。幸好，布朗博士想方設法為容閎爭取到一個婦女協會的幫助，終於使他如願以償。

作為耶魯大學同時也是美國大學歷史上第一個中國學生，容閎的表現令人欽佩。他的同窗好友白博士在六十年後還以非常欣賞的口吻對他的學生、留美的胡適說：開頭，容閎的異服異俗頗受人笑，但他

---

58 吳汶萊主編：《容閎與中國近代化》（珠海經濟特區：珠海出版社，2006年），頁281。

兩次在班上的英文比賽中得到一等獎後，便無人敢於揶揄他了。頭戴瓜皮小帽、身穿長袍、背後拖著一條小辮子的容閎很快就成為校園人物。容閎內心卻是孤獨的，對家鄉和祖國的思念時時煎熬著他。他託人帶信給正在中國辦報的美國人衛三畏，央求他把中國親人的信息告知，他說：「我已經好久未得到家中的消息了，我的母親是否還在人間？請寫信告訴我一切重要的事情。」[59]在大學的最後一年，中國政治腐敗、民不聊生、內亂蜂起的消息更使他心情沉重，坐立不安。他說：「我要使我們的下一輩享受與我同樣的教育，通過西方教育，中國將得到復興，變成一個開明、富強的國家。」[60]容閎在美國接觸到西方先進文化後，認為復興中國的道路要從學習西方開始，這種認識在十九世紀五〇年代的中國無人能及，在國人對美國和世界知之甚少的年代裏，容閎是真正瞭解美國和西方的第一人，溝通中美文化的歷史重任落在他的身上絕非偶然。

　　一八五四年，耶魯大學的畢業典禮因為有容閎這位大清帝國的子民而顯得頗為轟動。人們遠道而來觀禮，知名學者布希內耳特地從哈特福德城趕來，為的是結識這位在報刊上談論中國問題的青年。從容閎的畢業照可見，他已經剪去了辮子，外表完全西化，因居留美國已久，他可以留在美國並找到職業，而他在中國除了卑微的親屬之外，沒有朋友，甚至沒有他的立足之地，他連本國語言也幾乎忘記了，他的前景是黯淡的。他也並非不想留在美國，但是正如他的好友吐依曲爾說，他的正義感和報恩心不會讓他圖私自利，不管前途如何，他還是決心回去。

---

59 1852年12月30日，容閎致衛三畏牧師英文未刊信稿，現藏耶魯大學圖書館，轉引自高宗魯：〈容閎與中國留美幼童〉，載《容閎與中國近代化》（珠海經濟特區：珠海出版社，2006年），頁218。

60 容閎著，王蓁譯：《我在美國和中國生活的追憶》（北京市：中華書局，1991年），頁23。

二　艱難的破冰之旅

　　一八五五年，思鄉深切的容閎帶著報效祖國的滿腔熱情回到了久別的中國。從這一年歸國到一八七二年他帶領首批留美學生重新走進美國的校園，整整經歷了十八年之久，其中的艱難曲折，恐怕他從耶魯畢業時是沒有料到的。在深閉固拒、守舊盈廷的晚清，一個平民百姓，要說服政府往外國派出留學生，幾乎是癡人說夢。

　　一踏上故鄉的土地，容閎就目睹了一場血腥大屠殺：兩廣總督葉名琛殘酷鎮壓回應太平天國的陳開、李文茂起義。政治的動亂，使他無法提出自己的教育設想。一八五五至一八六三年，他先是在香港高等法院當譯員，後到上海海關當譯員，又曾在英商公司為書記，都為時甚短，經常失業。在動盪、漂泊無定的生活中，他一直夢想著有朝一日能實現自己教育救國的理想。在廣州刑場上目睹葉名琛濫殺七萬五千餘多人的獸行使容閎認為，太平天國叛軍確實有充足的理由推翻殘暴的清王朝。一八六〇年，他走訪了太平天國首都天京，向干王洪仁玕陳述了包括政治、軍事、實業和教育等七點建議，因為與太平天國的宗教信仰一致，他還提出以基督教的聖經取代中國倫理道德。洪仁玕很重視他的意見，但當時太平軍正在打仗，無法實行。經過觀察和分析，容閎對太平天國能否建立一個新政府產生了懷疑，終於沒有接受洪仁玕授予他的「義」字四等爵封號，失望地離開了天京。

　　為尋求實現理想的依託力量，他在一八六三年進入了兩江總督曾國藩幕府。曾國藩網羅容閎的目的是想辦軍械所，所以容閎只好把自己的打算暫時收藏起來，為他到美國去購買機器。值得一提的是，他成功地說服曾國藩把引進機器母機作為創辦工業的起點，使中國近代機器工業的發展少走了一些彎路。一八六五年機器運回中國，籌建了當時國內最先進的機器工廠──江南製造局。容閎因精通西學而為曾

國藩所器重，但要說服清政府接受他的留學教育計劃就不是那麼容易了。一八六八年，容閎首次向洋務大員丁日昌提出派遣留學生的設想，得到丁日昌的大力支持，但丁的條陳卻被「留中不用」。當時洋務派正遭受守舊派的攻擊，其中一條罪名便是「以夷為師，可恥孰甚！」

　　容閎曾經說過這樣一句話：「曾文正（曾國藩）者，於余有知己之感，而其識量能力，足以謀中國進化者也。」[61]所以，他對曾國藩沒有失去信心，只是靜待時機。一八七〇年，天津教案爆發，容閎充任譯員隨丁日昌到天津協助曾國藩處理教案。中外衝突雖暫時平息，但民心難平，民情洶洶。容閎再次向丁日昌提出留學計劃，並以教案為例說明中西增加瞭解、促進文化交流的重要性。也許是痛感中國積弱不振，極須培養軍事科學人才，在丁日昌的遊說下，曾國藩、李鴻章聯名入奏派遣留學生，很快就得到皇帝批准。

　　十多年懷抱的志願終於實現，容閎驚喜交集，夜不能寐，他寫道：「至此予之教育計劃，方成為確有之事。」[62]並預言，此事將於中國兩千年歷史中，開一新紀元。英國駐華公使威妥瑪、美國駐華公使衛三畏對此均表贊許。作為容閎的老友，衛三畏很高興看到容閎多年的努力終於初露曙光。威妥瑪則對李鴻章說：「英國大書院極多，將來亦可派往。」倫敦、紐約的報紙很快就報導了這件新鮮事，對清政府的開明舉動，表示欣喜。

　　容閎在寫給自己的老師、耶魯大學校長波特的信中鄭重地談及中國政府的意圖：「派遣幼童赴美接受完整教育，以備將來在中國政府各部門服務。——他們不得入美國籍，或留美不歸，也不得中途退出

61　容閎：《西學東漸記》（長沙市：湖南人民出版社，1981年），頁71。
62　同上書，頁91。

自謀他業，因為他們是官費學生，正如西點軍校和海軍官校學生對美國政府有應盡的義務一樣。」[63]

　　一八七二年八月十一日，詹天祐等第一批三十名幼童奉旨欽賜官學生，穿上了官式絲綢長袍，束裝就道，於九月十二日踏上了美國的土地。

三　邊緣人的困厄

　　容閎是中國第一位獲得美國著名大學學位的留學生。他在澳門和香港的教會學校讀書九年，赴美留學八年，系統接受西式教育共十七年。知識結構和道德觀念已於此時定型，可以說是全盤西化。一八五四年大學畢業後容閎回到中國，其間往返於中美兩國之間，至一九一二年在美國去世。在這五十八年的日子裏，有二十六年生活在中國，三十七年生活在美國，可以說是一個中美兩棲人。

　　他崇尚美國文化和制度，信奉基督教，早在一八五二年就歸化為美國公民，後來又娶美國女子為妻，視美國為其第二祖國。同時，他仍然認為自己是中國人，始終保有一顆中國心。但他的洋學生出身，使他很難完全融入中國社會，特別是介入清政府的權力結構之中，甚至難以得到某些權勢人物真正的信任、接納和支持，這對他的事業是一個嚴重的制約。雖然他手訂留學計劃，但由於沒有科舉入仕的背景，只能充當副職。首任出洋肄業局正監督是翰林出身的陳蘭彬，他沒有出國經歷，對西方世界十分陌生。接任者也都是「中國飽學之文士」。李鴻章認為，容閎「漢文未深，又不甚知大體，亦是一病」[64]。

---

63 1872年2月17日，容閎致耶魯大學校長Noah Porter未刊信稿，現藏耶魯大學圖書館。
64 《李文忠公全書・譯署函稿》卷二，光緒三十一年至三十四年印行，頁34。

　　當容閎第一次回國時，在香港的海域上，竟不能用中國語說出「暗礁」和「沙灘」，自己也頗為尷尬。後來不得不花半年時間向一個外國傳教士學習粵語。由於他的中文根基甚淺，日後他的條陳基本上請人捉刀，而其生平自傳《西學東漸記》也只能用英文寫成。雖然如此，他對晚清政治的黑暗腐敗、官場的貪瀆無能、人民的愚昧無知，感受卻比別人痛切，提出學習西方改造中國的思想也為國內最早。由於對美國的政治、法律、經濟和教育有較多瞭解，他多方面地提出向西方學習的具體設想。而他的大多數設想落空、行動失敗，除了客觀原因之外，也和他的邊緣人身份有關。

　　幼童留學方式及其實施對保守的中國來說實在是太激進了，引起很大的爭議。因而，它不斷地遭受來自各方面的猜疑、干擾，甚至破壞。不但守舊派認為幼童「拋荒中學」、「腹少儒書」、「德性未堅」、「學成亦不能為中國用」，連號稱洋務幹才的駐法公使曾紀澤（曾國藩長子）也說：「幼童未讀中國聖賢書……專事西學，上之不過為美邦增添士民，下之為各埠洋行增添通事、買辦之屬耳，於國家無大益也。」[65]與容閎共事的歷屆留學事務所正監督囿於狹窄的知識範圍和儒家倫理道德觀念，對幼童的遊戲、運動、剪辮、信教等西化傾向統統視為大逆不道，攻擊不遺餘力。容閎和他們激烈地爭論多次，結局是李鴻章命他不要固執己見，對幼童也不必多管。從此，正監督吳子登把持了出洋肄業局。吳對幼童的越軌行為十分震怒，說：「若令其久居美國，必至全失其愛國之心。」[66]他和陳蘭彬都力主解散出洋肄業局，撤回留學生。十九世紀七〇年代末，美國爆發經濟危機，掀起排華浪潮，中國留學生要求進入軍事學校也遭到拒絕。這使清政府感

---

65 曾紀澤：《使西日記》（長沙市：湖南人民出版社，1981年），頁29。

66 容閎：《西學東漸記》（長沙市：湖南人民出版社，1981年），頁138。

到花費如許金錢送學生出洋殊為不值。一八八一年，朝廷諭令四批共一百二十名留學生全部回國，其時只有詹天祐、歐陽庚從耶魯大學畢業，其它學生都正在各大、中學就讀。中途退學，不論對學生本人，還是對國家，都是損害。

留學計劃中途夭折，容閎一生的夢想歸於破滅，不由仰天長歎：「苦心孤詣完成派遣留學生的計劃，是我對中國永恆熱愛的表現，也是我認為改革和復興中國的最為可行的辦法。隨著一百二十名留學生的召回，我的教育事業也從而告終。」[67]

雖然如此，令容閎稍感欣慰的是，一百二十名幼童回國後在各自的領域努力工作，對推動中國近代化貢獻突出。其中有「中國鐵路之父」詹天祐，中國郵電業奠基者朱寶奎、黃開甲、周萬鵬、唐元湛，中國第一代礦冶工程師吳仰曾、鄺榮光，清華學校第一任校長唐國安，中國第一代海軍將領容尚謙、蔡廷幹、徐振鵬，中國第一代外交官唐紹儀、梁敦彥、梁誠……這些事實證明，容閎無愧於「中國留學生之父」的美譽。

四 「從頭到腳，他身上每一根神經都是愛國的」

容閎的報國之心，早在耶魯大學讀書時已經樹立。他在《西學東漸記》中回憶當時立下的志向：「他日竟學，無論何業，將擇其最有益於中國者為之。縱政府不用，不必遂大有為，或亦不難造一新形勢。」[68]所以當留學計劃橫被摧殘之後，他仍然始終如一地關注著中國的盛衰安危，儘管他已經不再具有政府官員的身份。

---

67 容閎：《西學東漸記‧自序》（長沙市：湖南人民出版社，1981年）

68 容閎：《西學東漸記‧自序》（長沙市：湖南人民出版社，1981年），頁19。

一八八三年，正在中國述職的容閎因為美籍妻子病重而返回美國。一八八六年，愛妻病故，留下兩個年幼的兒子。容閎「以嚴父而兼慈母」，盡心盡力撫育兒子健康成長。在幽居的日子裏，容閎心繫故國，鬱鬱寡歡。一八九四年，甲午中日戰爭爆發，容閎寫信給他的舊相識、時在主戰派張之洞幕下效力的蔡錫勇，提出一個向英國借款募兵購艦與日決一死戰的建議。張之洞決定委派容閎赴倫敦籌借款項，容閎當即趕往英國。正在洽談之際，借款之事被李鴻章否決，張之洞奏保容閎歸國效力。容閎把張之洞的電召看成是祖國的召喚，心潮彭湃。他把兩個正在讀中學和大學的兒子託付親戚朋友照管，毅然歸國。

一八九五年，闊別祖國十三年的容閎回到上海。此時，中國已經戰敗並簽訂了屈辱的條約，容閎有關自強新政的建議也因太新、太激烈而未得到張之洞的採納。容閎並不氣餒，他與留學歸國的黃開甲合作翻譯了美國的《國家銀行法》等一批書籍，攜書北上赴京尋求財政大臣翁同龢、張蔭桓的支持，又呈上《鐵路條陳》，倡議成立鐵路公司，設立鐵路學堂，引進外資修建鐵路。他的主張得到一些開明人士的支持，卻遭到心懷叵測的人惡意攻擊，終於流產。容閎把失敗的原因歸結為政治腐敗，認為不改革政治體制不足以救中國。一八九八年，「百日維新」發生，改革風潮遍及京師。維新運動的發起人康有為、梁啟超認為「容純甫（容閎）非常才人也，可以為勝、廣（陳勝、吳廣）」，容閎的寓所成了他們秘密集會之地。當譚嗣同遊說袁世凱發兵勤王之夜，梁啟超便在容的寓所等候消息，後來得知袁不能舉兵清君側，才決定避走日本。戊戌政變發生後，容閎因有涉案嫌疑，逃到上海租界避禍。

在「託跡租界」的日子裏，容閎並未停止謀求維新的政治活動。一九〇〇年七月二十日，他與維新人士唐才常等組織「中國國會」，

被推選為會長。容閎用英文起草了中國國會自立軍的對外文告,明確宣告要建立一個立憲政府,廢除慈禧太后及其老朽頑固派,恢復光緒皇帝的權力,以立憲自由之政治權予之人民,表現出極大的勇氣。自立軍起事失敗後,容閎被通緝,不得不逃亡日本、隱居香港,最終被迫回到美國度過他一生的最後十年。

對清政府完全失望的容閎決心全力支持孫中山的革命事業,他邀請孫中山到美國,請軍事家荷馬李和財政家布恩與孫中山會談,商定發動起義的事宜,給了孫中山極大的鼓舞。不幸,籌畫中的「紅龍計劃」因為籌款無著而擱淺,容閎也病倒了。一九一二年年初,中華民國成立,孫中山就任臨時大總統,八十三歲的容閎得知消息後,興奮不已,立即寫信給香港的愛國華僑謝纘泰,請他代為向孫中山致賀,並說:「我的健康情況逐漸好轉,或許會到中國來,參觀參觀這個新共和國。」[69]孫中山熱誠邀請容閎歸國輔政,稱他為「老同志」。但是邀請函寄到美國時,容閎已突發腦溢血昏迷不醒,於一九一二年四月二十一日病逝,終於未能回到他魂牽夢縈的祖國。在他死後,他的兩個畢業於耶魯大學的兒子遵循他的遺願,先後回國服務。

容閎是一位為中國近代化開闢道路的先驅者,是一個真誠的愛國者。美國牧師吐依曲爾一八七八年四月十日在耶魯法律學校演說中,以詩一般的語言讚美容閎:「從頭到腳,他身上每一根神經纖維都是愛國的。他熱愛中國,信賴中國,確信中國會有燦爛的前程,配得上它的壯麗山河和偉大歷史。」[70]

---

69 政協廣東省委員會文史資料研究委員會編:《廣東文史資料:孫中山辛亥革命史料專輯》(廣州市:廣東人民出版社,1981年),頁326。

70 容閎:《西學東漸記》(長沙市:湖南人民出版社,1981年),頁15。

鄭觀應研究

一　坐言起行的革新者

鄭觀應（1842-1921），廣東香山縣雍陌鄉（今中山市三鄉鎮）人，晚清著名實業界前驅，中國近代改革思潮的主要代表人物之一。他一生經營實業達六十年之久，積纍了豐富的閱歷和企業管理經驗。他首發商戰思想和開議會的民主建言，洞見治亂之源、富強之本。其重要著作《盛世危言》開啟了國人心智，也直接啟迪了日後成為偉人的兩位青年：孫中山和毛澤東。

（一）從洋行買辦到洋務幹才

一八八二年三月，原本在上海著名英資企業太古輪船公司任總買辦的鄭觀應，正式接受清政府洋務大臣李鴻章的委劄，出任上海輪船招商局幫辦。從外資企業轉入洋務企業，對四十一歲的鄭觀應來說，是一個艱難的選擇，也是他人生道路上一個重大的轉折。

鄭觀應十七歲離開家鄉到上海謀生，進入外國洋行當雜役，「供奔走之勞」。憑著勤奮刻苦和過人的才智，陞遷迅速，不幾年間便身居要職。十九歲，受雇於英商寶順洋行，正式當上了買辦；二十六歲，與同鄉大買辦唐廷樞等人共同創立華洋合營的公正輪船公司；二十八歲，與好友卓子和開辦和生祥茶棧，成為東家；三十一歲，出資十萬兩白銀經營鹽業，並當上揚州寶記鹽務總理；三十三歲，被英商太古輪船公司聘為總理，兼管帳房、棧房，相當於總買辦。一八七八年，當他還是太古公司總買辦的時候，一個偶然的機會使他與李鴻章相識。由於別人的舉薦，時任直隸總督兼北洋通商大臣的李鴻章委任他為上海機器織佈局會辦，參與創辦中國第一家使用機器生產的棉紡

織廠，後又升為總辦。鄭觀應得到李鴻章的賞識是有原因的。首先是他具有經營近代企業的經歷、知識和才幹，其次是他極力主張引進機器生產。但是，鄭觀應以洋行買辦的身份出任洋務企業的重要職務，似乎令人不解。因為洋務派舉辦民族工業其中一個目的是與洋人爭利，一個為洋人服務的買辦如何能兩頭兼顧呢？其實這是洋務企業初辦時必須借助外才的表現。鄭觀應熟悉外國資本主義企業經營方式，又瞭解外國機器技術水準和商業行情，可以有目的、有選擇地引進現代企業的管理方法和先進科學技術，為洋務企業借鑒外國提供方便。更重要的是，鄭是中國人，瞭解國情，有振興中國的志向，樂意也能夠辦好中國自己的企業。所以，對於買辦也要具體分析，不要一言蔽之，說他們都是洋奴。不過，由於買辦一職畢竟與洋務要員的身份發生矛盾，所以鄭觀應「一僕二主」的身份在中國近代企業發展的過程中必將發生轉化。

開始於十九世紀六〇年代的洋務運動，提出了效法西方先進的科學技術，興辦新型工商業以致富強的救國之策。在洋務派的主持下，中國開始有了第一批用機器進行生產的兵工廠、造船廠、紡織廠、煉鐵廠以及礦山、鐵路、電報等近代企業。這些企業是中國新生產力的代表，對中國走上近代化道路具有積極的推動作用。鄭觀應是最早參與這個求富求強運動的重要人物之一，他是好幾個重要企業的開拓者。

一八八一年，已經在多個洋務企業中擔任要職的鄭觀應，面臨著一個艱難的選擇。明年，他與英商太古輪船公司的工作合同期滿，是續訂合同繼續留任還是離開太古全身投入洋務企業？他該何去何從？

這年夏天，名聞中外的洋務大企業上海輪船招商局總辦唐廷樞和會辦徐潤已經向他發出邀請，說由於招商局生意擴充，急需人才，乞請鄭觀應幫辦局務，專管攬載事宜。其實，這是在他們背後的官方主管李鴻章和盛宣懷的主意。而另一方面，太古公司的總經理冷士惟恐

鄭觀應被招商局拉走，不但極力挽留，而且做出「在太古工作二十年以上，年老退休準給半薪養老」的承諾。顯然，雙方都在爭奪鄭觀應。對鄭觀應來說，像從前那樣一腳踏兩船是不可能的了，只能在兩者之中選擇其一。他的思想鬥爭異常激烈：他具有振興中國民族工商業的志願，加入輪船招商局可以實現他的志願，但由於深知洋務企業的弊端，又使他對能否實現這個志願抱有懷疑。當然，其中也摻雜了對個人境遇和前途的考慮以及對兩種不同的企業經營方式、人事關係和法律制度的適應程度的考慮等。老實說，他對洋務企業的經營管理體制充滿了疑懼，他說：「慮官督商辦之局，權操在上，不若太古知我之真，有合同可恃，無意外之慮。」[71]太古是英國的商辦輪船公司，經營方式是資本主義性質的，沒有長官意志和衙門作風，又按合同辦事，只認個人才能不認私人關係，使他感到放心。而招商局目前雖然也器重他，但如果有朝一日官僚們「誤聽排擠者讒言，不問是非，不念昔日辦事者之勞，任意黜陟，調劑私人」，自己平日不善鑽營，屆時有誰來為自己說話？想來想去，不能決定。

　　在這幾年之中，鄭觀應在官方洋務企業中介入很深，任職高，事務多，與李鴻章、盛宣懷的關係日益密切，所以一旦李鴻章出面邀請，他是很難拒絕的。一八八一年九月，李鴻章把鄭觀應之父鄭文瑞及鄭氏全家的賑災義舉上奏朝廷，懇準寫入廣東省志和本縣志書，「以示優異」，使鄭觀應「感悚交集」。李鴻章為鄭氏家族奏請朝廷封賞，這個天大的恩遇使猶豫不決的鄭觀應最終決定加入輪船招商局，為朝廷效忠。

　　從太古公司轉入招商局，對鄭觀應的意義非同小可。不管個人的

---

71 鄭觀應：《覆津海關道鄭玉軒觀察書》，收錄於夏東元編：《鄭觀應集》下冊（上海市：上海人民出版社，1988年），頁779。

得失如何，這是他從一個洋行買辦轉化為中國近代民族企業家的關鍵一步，是一心一意地把他的富強救國理想付諸實踐的重要一步。經過以後幾十年的艱苦奮鬥，他終於成為一個為中國民族工商業發展貢獻重大的企業家。

輪船招商局是當時首屈一指的洋務企業，惟有這個企業有力量與外國輪船公司在中國的江河海面上一爭高下，為中國航運業挽回一些利權，可以說它是與外人商戰的一個重要陣地。鄭觀應進入輪船招商局時，正值招商局與「怡和」、「太古」兩家外國輪船公司削價競爭白熱化之際。兩家洋行大打減價戰，低價招攬客戶，招商局生意被搶去不少。受此打擊，招商局股票價格急劇下降，一百兩白銀一股的票面，在一八七九至一八八〇年時曾漲到一百四十兩，而今卻跌至三十多兩。鄭觀應一入局，就面臨著解救這個困局的難題。他使出渾身解數，傾力協助總辦唐廷樞與洋人休戰講和：不能再打下去了，目前誰也吃不了誰，還是坐下來談吧。

鄭觀應剛從太古洋行出來，自然對太古的底細知道得一清二楚，知己知彼，百戰不殆，他為唐廷樞的決策提供了不少有益的意見。談判主要是實力和智慧的較量，洋人不是容易對付的，三方討價還價，你來我往，互不相讓，整個過程是艱難曲折的，從開談到最後達成協議，經歷了近兩年時間，一八八四年年初終於簽訂了為期六年的齊價合同。這個齊價合同使招商局在攤分水腳中佔了較多份額。生意穩定了，股票由此大漲，面值一百兩的股票，市場價格由三十兩升至一百六十兩。這次談判成功地使招商局擺脫了困境，免於被外國公司打垮的命運。鄭觀應又擬訂了招商局救弊章程十六條，對整頓內部也卓有成效。由於他在經營企業方面的卓越才幹，一八八三年十二月，他被李鴻章任命為招商局總辦，登上了事業的巔峰。

（二）商戰重於兵戰

「以商戰為本，以兵戰為末」，「商戰重於兵戰」。經過多年的觀察與思考，鄭觀應對於抵禦外來侵略有了深一層的見解。

雖然提出與外人商戰，但是中國力量很薄弱，如何戰勝對手？鄭觀應很清醒地意識到，要用保護國家主權的辦法使自己處於有利地位。比如，對於長江等內河的航運權，開放與否要掌握在自己手裏。與其讓外國船進入長江與我爭利，還不如訂約時把長江航運權收回，自己「獨擅其利」。他提出商戰的三個戰略是：中西可共之利，思何以籌之；中國自有之利，思何以擴之；西人獨擅之利，思何以分之。

在開創中國電報事業中，他與盛宣懷攜手，成功地奪回了中國自辦「陸線」的權利。

電報是十九世紀通訊方式的重大革命。一八四四年，美國科學家莫爾斯發明了電磁電報和莫爾斯電碼，這項新的科技成果馬上被應用到經濟生活和軍事設施之中。但在十九世紀六〇至七〇年代，當英、美、法等國向清政府提出要在中國架設電報線的時候，卻引起朝野極度不安。還在依靠「八百里快遞」傳遞聖旨的清廷怵於電報神通廣大，無法匹敵，一次次地拒絕了外人要求。但西方列強豈肯善罷甘休，在他們軟硬兼施之下，清政府只好同意他們在中國沿海口岸城市鋪設電報水線（即海底電纜），但明確規定「電線沉於海底，其線端不得牽引上岸」。因為，當時中國尚不能自己興建電報，外國人捷足先登，對中國甚為不利，只能消極地加以抵制。

十九世紀七〇年代初，丹麥大北電報公司在沙俄的支持下，把電報線從中國東北符拉迪沃斯托克下海，先鋪到日本長崎，再由長崎伸到上海吳淞口，最後到達位於上海外灘的大北電報公司的房子。清政府在外國的淫威之下，不得不允許大北電報公司在吳淞口外設置躉

船，在船上收發電報。也就是讓他們設立海上電報房。這與廣州的鴉片走私販子把倉庫設在海上同出一轍，顯然不是長久之計。不久，大北電報公司又出詭計，從香港鋪設了一條水線到達吳淞口，先把水線牽上一條輪船，又把輪船停靠在長江口外的一個小島旁邊，再偷偷地把水線引上這個小島。在島上蓋了一間小屋，這便是他們的第一間陸上電報房。過了一段日子，看到清政府無甚反應，又把水線偷偷拖進黃浦江，在浦東上岸，建立了第二個陸上電報房。清政府還是沒有動靜，他們得寸進尺，居然又把水線引上了外灘。此外，在廈門也如法炮製，把水線引上了海灘電房。

英國大東電報公司見了眼紅，也如法炮製，在中國沿海架設水線，並企圖將水線從香港引入廣州沙面上岸。

在外國勢力步步進逼的面前，中國政府將何以應對？

一八八一年，李鴻章上書奏請創設津滬電線（天津到上海的電報線），以通軍報。奏准後，派盛宣懷為津滬電報局總辦，鄭觀應為「駐滬照料驗收大北公司代購材料及分運各處事宜」，襄理局務。鄭觀應協助盛宣懷，挑起了創辦中國電報業的重任。

盛、鄭接下辦電報的差使後，首先想到的是，要為中國電報業爭取生存空間。因為繼丹麥、英國在華鋪設水線之後，其它西方國家也想「利益均霑」。如果聽任他們發展，中國電報業將無利可圖。這樣，擺在盛、鄭面前的第一道難題，便是與洋人交涉：不能再讓他們把水線弄上岸，已經上岸的要堅決拆除，以保障中國辦內陸電線的自主權。這事難度很大，鴉片戰爭以來，清政府因不諳時勢、不懂外交、虛驕蠻幹，對外交涉處處挨打、節節敗退，洋人氣焰萬丈。所以盛宣懷曾說，創行之始，人皆視為畏途。這是一場硬仗，沒有政治智慧、外交手腕和個人膽識還真不行。

鄭觀應很早就知道，與洋人談判最重要的是要懂得國際公法，以

法律為武器才能迫使洋人服從。盛宣懷作為官方代表，拿出了清政府在一八七〇的規定，即「外國電線只能沉於海底，不能牽引上岸」，責令大北電報公司拆除其非法設置的上岸之線。大北電報公司違規嚴重，拿它開刀是必然的。但大北公司豈肯就範，還仗勢欺人，虛聲恫嚇。盛宣懷不為所動，決不退讓。他知道如果這塊硬骨頭啃不下來，以後就別想吃電報這碗飯了，英國人、美國人、法國人將接踵而來，爭分一杯羹。盛宣懷談不下來，就由鄭觀應接著談，輪番上陣。鄭與上海洋人熟悉，加緊諮詢有關法規，得到一本《萬國電報通例》，如獲至寶，馬上找人翻譯出來，使之成為談判桌上的利器。鄭觀應堅信，援引國際公法反覆辯爭，百折不撓，對方雖然狡滑，亦當無詞以對。經過頑強的鬥爭，大北公司詞窮理屈，只好同意拆除吳淞口到外灘的旱線，但拒絕拆除廈門旱線。鄭觀應偵知廈門海灘在一八七二年被洋人以極低的租金向當地政府租用，便請廈門官方與丹麥領事和丹麥公司商談贖買事宜，出錢買回了廈門旱線。

　　由於制止了丹麥大北電報公司的水線上岸，英國大東電報公司也就打消了香港水線在廣州上岸的念頭，這一個回合的鬥爭勝利了。

　　在與外國公司鬥爭的同時，鄭觀應還考慮如何與外國公司協調和合作。因為海底電纜是大北和大東兩公司的，外洋電報和國內與歐洲的電報暢通與否，均掌握在兩家公司手裏。況且中國陸線也要與水線接通才能運作。鄭對李鴻章陳說利害，建議「與其三家交情均壞，不如中、英、丹公司聯絡一氣，免致參商」[72]。於是，盛宣懷又去找大北公司和大東公司談條件，大家劃定勢力範圍，分割利潤。最後，還簽訂了「齊價合同」。既鬥爭又妥協的策略，使中國電報業在列強競爭之世爭得了一席之地，形成了中國境內電報三分天下的局面，而中

72　夏東元編：《鄭觀應集》下冊（上海市：上海人民出版社，1988年），頁1013。

國則牢牢抓住了陸電主辦權。這在當時的情況下是個很大的勝利，是值得舉杯慶賀的。

一八八一年五月，鄭觀應受李鴻章劄委出任上海電報分局總辦，這是個關鍵的崗位，可以說上海分局的實際地位比天津的總局更重要，由此可見李鴻章對鄭觀應的器重。

津滬電報由於有軍事上的需要，調用了軍餉作為第一期的資金，工程進度很快，天津到上海一線一八八一年六月動工，當年十二月便告完工，在洋務企業籌建工程中堪稱效率最高的工程。這除了資金到位快的原因外，盛宣懷、鄭觀應在洋人面前敢於鬥爭和善於鬥爭，也是非常重要的原因。

津滬電報建成之後，鄭觀應立即呈請架設長江、閩浙等處電報，以利商務。經過清末二十多年的發展，「電報商線縱橫數萬里，設局百數十處」，所設幹線和支線，幾乎覆蓋全國，在邊境地區又與國外線路相通，把中國與世界聯繫在一起。電報事業是清代辦得最好的近代企業之一。

（三）使漢陽鐵廠起死回生

漢陽鐵廠位於湖北漢陽，是湖廣總督張之洞花費大量金錢和心血創辦的中國第一家鋼鐵廠。一八九三年建成，規模宏大，裝備世界一流。有一百噸煉鐵爐兩座，八十噸貝色麻鋼鋼爐兩座，十噸馬丁煉鋼爐一座，工人三千名，投資高達千萬兩白銀。但是，這個大傢伙也存在致命弱點。廠址選擇不當，與煤礦、鐵礦產地距離較遠，運費昂貴，成本高居不下。官辦企業，長官意志第一，冗員充斥，人浮於事，浪費驚人。經營管理漏洞百出，侵吞盜竊原材料者比比皆是，加上產品銷路不暢，種種原因，導致鐵廠陷入負債累累無法維持的境地，張之洞疲於奔命，焦頭爛額。

　　甲午戰爭後，財政極度困窘的清政府無力為各省官辦企業提供財政撥款，指示漢陽鐵廠招商承辦。一八九六年五月，盛宣懷從張之洞手中接過漢陽鐵廠督辦一職。盛接辦後，急須能夠扭轉危局的人才，鄭觀應又成為了不二人選，他馬上被任命為鐵廠的總辦。鄭對辦鐵廠早有一套想法，他也曾對鐵廠和張之洞其人發表過尖銳的批評，現在出任總辦，自然可以大展拳腳了。

　　漢陽鐵廠要扭虧為盈並非易事，鄭觀應認為必須解決四大問題：一是注入資金；二是解決燃料來源；三是培養技術人才；四是擴大銷路。

　　先著手第一個問題。鐵廠從官辦轉為官督商辦後，籌集資金的方法便不再是政府撥款，而是向民間集資，招股成為主要手段。盛宣懷和鄭觀應決定給予投資者以較高的收益來吸引商人入股，因此招商章程擬訂，第一至第四年每股付年息百分之八，第五年起付百分之十，還承諾虧損不減息，盈利多派息。但如此優厚的條件都未能打動人，原因是這個負債累累的鋼鐵巨人前途未卜，讓人愛不起來。

　　無奈之下，盛宣懷利用手中權力，把他控制下的其它企業如輪船招商局、電報局的資金調入鐵廠濟急。這樣一來，對這些企業的發展和股東的權益造成了傷害。鄭觀應雖然提出異議，但是在資本極端缺乏的情況下，也無可奈何。盛宣懷靠這個挖東牆補西牆的辦法，勉強地維持著鐵廠的生產。當時，環顧海內，也只有這位「一手撈十六顆夜明珠」（比喻其掌握洋務企業之多）的盛某能濟此時艱。

　　第二個問題是解決燃料來源。鐵廠興建時，由於張之洞沒有充分考慮燃料的供給問題，結果建成投產後，焦炭供應不上，生產受到極大制約，開工不足，甚至停工待料。所以鄭觀應說，「廠中之需煤

炭，猶人生之需米穀」，燃料問題是「鐵廠之要害」。[73]「覓焦炭」對鄭觀應是一大考驗，他在長江上下游緊急找礦。經過一個多月的艱難查找，瞭解到萍鄉煤礦煤多質好，如果煉工精究，是可以合用的，而且價格和運費也不高，決定開發萍鄉煤礦。盛宣懷接受了他的意見，向德商禮利洋行借款四百萬馬克，又招集了一部分商股，建成了萍鄉煤礦，一舉解決了制約漢陽鐵廠生產的瓶頸問題。

第三個問題是培養技術人才。落後的中國缺乏創辦大型鋼鐵企業的科學技術、專門人才和管理經驗，借才異域是必須的，但當時鐵廠恰恰缺乏內行的主管和技術精良的專家。廠中長年聘用洋匠二十多人，最多時達到四十人，數量多，薪俸高，但不合格、不稱職的不在少數，開工廠者不辨良莠，洋人乘機魚目混珠。鄭觀應首先對幾個主要的洋工程師進行考察，提出要重新組合技術隊伍，另聘有真才實學的人。與此同時，積極培養中國自己的人才。

第四個問題是擴大銷路。漢陽鐵廠產品銷路不暢的原因，並非由於品質有問題，也不是價格過高。它的產品精良，可敵洋產，鋼的價格較之洋產，大致相同，生鐵比洋產則價格更低。為什麼賣不出去呢？張之洞開頭也不明白。他辦漢陽鐵廠的本意，是開闢利源，抵制洋產，杜絕外耗，富國強兵，鐵廠產品理應受到國內工業界的歡迎。從民族大義來說，中國的企業也應該購買本國產品才是。所以，張之洞希望政府經辦的企業和鐵路能消化漢陽鐵廠的產品。他請求朝廷下旨，命各省一律向漢陽定購鋼鐵。但是，問題並不如此簡單。正如鄭觀應指出的，清政府的官辦企業往往成為官僚們貪污舞弊的利藪。承辦者向外國人購貨，大把花錢不計盈虧，因為作弊容易，也較為隱

---

73 夏東元編：《鄭觀應文選》（澳門：澳門歷史學會、澳門歷史文物關注協會，2002年），頁44。

蔽。而同中國人交易，則無此便利，亦易暴露。還有一個原因，就是官場中矛盾重重，官僚之間互不買帳，北洋不買南洋產品，關東鐵路不買武漢鋼軌。張之洞不由得歎道：「中國苦心孤詣，煉成鋼鐵，不異洋產，而各省辦事人員，以意見為好惡，仍舍其自有而求諸外人，則中國何能自強？」[74]

張之洞的遭遇，使鄭觀應知道單靠朝廷行政命令並不一定能做到鐵路路軌必定購於漢廠，必須把鐵路修築權抓到自己手裏，漢廠的鐵軌銷路才有保證。所以，鄭觀應一再對盛宣懷說，如果抓不到鐵路修築權，鐵廠的事就不要接手。盛宣懷也很認同這一點，在力爭之下，朝廷同意委派盛宣懷為盧漢鐵路公司督辦。鄭又進一步催促他謀取粵漢鐵路督辦的位置，不久，這個目的也達到了。鐵廠產品的銷路終於不成問題。

開工廠的四個關鍵問題得到逐步的解決，與鄭觀應的思路對頭和精明強幹分不開，證明他是一個救危扶傾和起死回生的能手，不愧為晚清出類拔萃的企業奇才。盛宣懷視他為不可或缺的左右手，而鄭觀應則把振興中國工商業的希望寄託在盛宣懷的身上。

盛宣懷果然官運亨通。不久，朝廷授予他太常寺少卿官銜和專折奏事特權，後來又升任工部左侍郎，會辦商務大臣。一九一一年，官至郵傳部尚書。漢陽鐵廠在盛的手中得到大發展，成立了包括漢陽鐵廠、大冶鐵礦和萍鄉煤礦三位一體的大型鋼鐵聯合企業——漢冶萍公司。一九〇七年，煉鋼爐改造成功後，鋼產量達到六萬兩千噸，經外國工程師化驗，屬於頭等鋼。由於品質好，不僅盧漢鐵路、粵漢鐵路使用該廠鋼軌，修築京漢、津浦鐵路時，也大量使用了該廠生產的鋼

---

74 張之洞：〈鐵廠招商承辦議定章程折〉，收錄於苑書義主編：《張之洞全集》第二冊（石家莊市：河北人民出版社，1998年），頁1169。

軌。一九〇九年，公司接到的定單猛增，大有應接不暇之勢。漢冶萍公司譜寫了中國近代以鋼鐵為龍頭的重工業史的第一頁。

（四）孫中山、毛澤東愛讀《盛世危言》

《盛世危言》是晚清一部震撼朝野的巨著，是鄭觀應以一生的心血譜寫的綱舉目張的變法大典。它全面而系統地談及幾乎所有領域的改革主張，逐項列篇，條分縷析，說理精闢，切實可行。它也是一部當時中國變法思想的集大成之作，大量收集了當時仁人傑士的名言偉論，向讀者提供了多方面解決中國問題的思路。張之洞推許該書是當時談時務書籍中的上乘之作。他說：「論時務之書雖多，究不及此書之統籌全域，擇精語詳，可以坐而言即以起而行也。」[75]他還說：「上而以此輔世，可為良藥之方；下而以此儲才，可作金針之度。」[76]以張之洞的見識、能力，對該書予以如此非同一般的評價，極為不易。說明該書不愧為一部高水準的理論與實踐相結合的著作，對中國的富強具有指引作用。

孫中山與鄭觀應同為香山縣人，具同鄉之誼。孫比鄭小二十四歲，屬於晚輩。一八八七至一八九二年間，孫在香港西醫書院求學，畢業後在澳門行醫。其時鄭亦在澳門養病，兩人多有往來，相談甚歡。改造中國與研習醫學是他們共同的話題。《盛世危言》中的《農功》一篇，是鄭觀應與孫中山合作的產物；鄭觀應的《中外衛生要旨》一書，其中對西醫的評說，也顯然有孫中山的意見。一八九四年，孫中山想北上投書當道，一白其救國報國之志，行前撰寫《上李鴻章書》，借用了《盛世危言》自序中的一段話。原話為：

---

75 夏東元編：〈鄭觀應文選・前言〉（澳門：澳門歷史學會、澳門歷史文物關注協會，2002年），頁1。

76 同上。

「興學校，廣書院，重技藝，別考課，使人盡其才；講農學，
利水道，化瘠土為良田，使地盡其利；造鐵路，設電線，薄稅
斂，保商務，使物暢其流。」[77]

孫中山略為變通，改為：

「竊嘗深維歐洲富強之本，不盡在於船堅炮利，壘固兵強，而
在於人能盡其才，地能盡其利，物能盡其用，貨能暢其流——
此四事者，富強之大經，治國之大本也。我國家欲恢擴宏圖，
勤求遠略，仿行西法以籌自強，而不急於此四者，徒惟堅船利
炮之是務，是舍本而圖末也。」

由此可見，孫中山變革中國的思想主張，受鄭觀應的影響很深。

一八九四年六月，孫中山帶著這份精心寫就的陳情書到天津面呈
李鴻章。臨行，鄭觀應致信盛宣懷，請他薦孫於李。信中說：「（孫中
山）其志不可謂不高，其說也頗切近，而非若狂士之大言欺世者
比。」[78]孫中山順利地把上書送到李鴻章手裏，但沒有得到李的接
見。後來，孫目睹清政府的腐敗無能，上書的建議又得不到採納，逐
漸走上反清革命的道路。

近代學者邵循正認為，直到二十世紀前十年，《盛世危言》仍對
社會保持一定的影響。當時，包括革命者在內的維新人士，沒有能夠
提出一個實現中國獨立富強的方案，甚至沒有能夠寫出一本較好的比

---

77 夏東元編：〈鄭觀應文選‧前言〉（澳門：澳門歷史學會、澳門歷史文物關注協會，
　 2002年），

78 夏東元編：《鄭觀應文選》（澳門：澳門歷史學會、澳門歷史文物關注協會，2002
　 年），頁483。

較廣泛地討論中國實際問題的書,因此十九世紀末年的新學,到辛亥革命前後對知識分子還能起啟蒙作用。

最為有說服力的一個例子是《盛世危言》對少年毛澤東也曾產生過重大影響,時間是在一九〇六年。據愛德格・斯諾在他的作品《西行漫記》中記述毛澤東少年時的經歷說:毛澤東八歲入學,十三歲離開學堂,在家務農。白天做一個全勞力的活,晚上替父親記帳。他常常在深夜裏把屋子裏的窗戶遮蓋起來,不讓父親看到燈火,以便整夜讀書。他當時讀的書很雜,但是最愛讀的有兩本,一本是《盛世危言》,另一本是《新民叢報》。毛澤東說,他非常喜歡它們,讀了又讀,直到可以背出來。他認為,《盛世危言》的作者是一位老派改良主義學者,以為中國之所以弱,在於缺乏西洋的器械──鐵路、電話、電報、輪船,所以想把這些東西傳入中國。作為一個十多歲的少年,能這樣理解鄭觀應,非常不易。在閉塞的韶山沖,《盛世危言》對毛澤東來說,是一本難得的好書。書中介紹的新式學堂極大地吸引了失學的毛澤東,激起了他強烈的求知欲望,他不顧父親的反對,從家裏跑了出來,到新式學堂去讀書。毛澤東考入湘鄉縣東山高等小學堂時剛滿十六歲,這是他人生中的第一個轉捩點。從此,他在追求真理的道路上不斷求索。

二 中法戰爭與「南洋策劃」

鄭觀應在他的著作之中,屢屢言兵,而自己親身參加的對外戰爭,則只有中法戰爭一役。他對這次短暫的軍事經歷,非常珍視,因為這是他生平第一次站在抗擊外來侵略的最前線,為祖國的安危、民族的大義,挺身而出。他不避艱險,深入敵營,密約內應,謀襲西貢,顛覆法軍之老巢。雖然此次謀劃因諒山兵敗餉絀而中止,中法之

戰終以中國妥協而告失敗，但實現了他為國盡忠效力的志願，也使得他對晚清軍事改革有了更多的發言權。在南洋的經歷，更使他的改革思想得到了昇華，把改革君主專制制度提到了重要地位，為《盛世危言》的寫作奠定了思想基礎。

（一）甲申中法戰爭

一八八四至一八八五年的中法戰爭，其起因是越南危機。

越南是中國西南鄰國，與廣東、廣西和雲南三省接壤。中越兩國在長期的政治、經濟和文化交往中形成了宗主國和藩屬國的關係。這種宗藩關係，是基於雙方統治階級政治、軍事上的需要促成的。越南國君接受清廷「冊封」和向清廷「朝貢」，表示臣服，對內可樹立其統治權威，對外可獲取大國的保護；而清廷則以「天朝上國」君臨天下來樹立其國際影響並謀求邊疆的安定。這是具有濃厚東方色彩的、鬆散的國家關係，是根據傳統和雙方預設來確立的，無須簽訂條約卻具有不成文的約束力。中越兩國在名義上雖然有所謂上下之別、主從之分，但各自獨立，互不干涉內政。這種宗藩關係與西方國家的殖民統治有本質的區別。

在十九世紀中後期，中國邊疆的這種宗藩關係受到了西方列強的破壞，清廷的屬國一個接一個地變成歐美資本主義國家控制之下的保護國。

一八六二年，法國殖民者為實現其建立「東方帝國」的計劃，發兵侵略越南，逼簽《西貢條約》，佔領越南南部六省。清廷則因剛剛在第二次鴉片戰爭中遭受英法聯軍重創，對法國之兇猛猶有餘悸，更無力顧及越南之安全。

一八七三年，法國遠征軍又攻陷越南的河內，第二年，脅迫越南政府簽訂第二次《西貢條約》，並企圖割斷中越兩國之間的宗藩關

係，把整個越南置於法國的殖民統治之下。為制止法國的擴張野心，中國駐法公使曾紀澤通過外交途徑向法國提出抗議，聲明中國政府否定法越所訂之條約。

法國的野心不滅。一八八一年，法國議會通過侵越軍事預算，一八八二年，法軍進攻越南北部。佔領越南首都順化後，強迫越南與之簽訂《順化條約》，越南成為法國的「保護國」。法國不僅要求清廷承認法國對越南的保護，還要求清廷立即撤出應越南阮氏王朝之請進駐越北的清軍，並開放雲南邊境通商等無理要求。

法國的步步進逼，不但即將吞併越南，而且危及中國邊疆的安全，清廷還能坐視不理嗎？

清政府內部發生了主戰和主和的激烈爭論。

主戰派認為，越南與中國唇齒相依，越南的紅河就是中國雲南瀾滄江的下游，紅河若通行輪船，從越南海口到達雲南只需十天，此事關係中國大局，不可小視。中國藩籬盡撤，後患將無窮期。侍講學士陳寶琛等上奏，中國海防水師漸有起色，請以水師直趨順化港、富春，向越南國王陳以利害，用兵攻略數城，與滇、粵兩軍相應，共殲法軍。

主和派則認為，越南政府現已暗暗投靠了法國，不願為中國統屬，我又何必為這個離心離德的鄰國行保護之義？況且，我與法開戰，將會擾亂各國通商全域，似為不值。而中國「兵單餉匱」，更是不宜與法輕言開戰的主要理由。

正在清廷舉棋不定之際，一八八三年二月，狂熱執行擴張政策的茹費理內閣在法國政府換屆中上臺。本年十二月，法軍總司令孤拔率領六千名法軍向駐紮在越南山西的清軍和劉永福的黑旗軍發動進攻，中法戰爭正式爆發。

法軍攻佔山西後，一八八四年三月又派出一萬兩千名法軍進攻由

兩萬名援越清軍駐守的北寧。清軍統帥、廣西巡撫徐延旭「遷延不進，株守諒山」，致使北寧失陷。法軍乘機連陷太原、興化，不到五個月，整個紅河三角洲落入法軍之手。

援越清軍敗退的消息傳到北京，舉國譁然。主戰派的呼聲更高，要求嚴懲敗軍之將，與法決戰。清廷在震驚之中，把徐延旭革職拿問，又罷免了以恭親王奕訢為首的全部軍機大臣，改由一向主張對法強硬的醇親王奕譞上臺執政。

奕譞擺出了一副與法決戰的架勢，指示負責前敵防禦的新任廣西巡撫潘鼎新：「如彼仍來撲犯，惟有奮勇迎擊，勿稍鬆勁。」[79]又派淮軍宿將劉銘傳赴臺灣督辦軍務，派通政使吳大澂會辦北洋事宜，內閣學士陳寶琛會辦南洋事宜，侍講學士張佩綸會辦福建海疆事宜，全面加強海陸防務。皇上也發下諭旨，明白宣示與法決裂，中國進入戰爭狀態。

（二）南洋策劃

以欽差大臣身份入粵督辦軍務的兵部尚書彭玉麟是個激烈的主戰派，屢次上奏摺力阻和局。但他對於戰爭如何打法，心中無數。

一八八三年十二月，鄭觀應從上海來到廣東，為處理香港和廣東電報之事奔走，正好遇上中法兩國軍隊在滇越邊境打響「山西之戰」，中軍與法軍開始正面衝突。國家興亡，匹夫有責，何況鄭觀應素有抗敵禦侮之志？他馬上行動起來，找到他的朋友——在彭玉麟幕下效力的王之春共商對策。

王之春，湖南人，與鄭觀應同歲。曾任鎮江駐軍管帶。一八八二年王之春編輯《國朝通商始末記》一書，彭玉麟為之作序，對他稱讚

有加，說：「以文人兼武事，馳驅江海間，防北塘，駐京口，遊歷日本長崎、橫濱，於中外交涉事見聞周洽。」可見，王之春是個文武兼備的人才。一八八三年十月，彭玉麟為籌謀越南戰事從京師奉派到廣東督辦軍務時，對彭有知遇之感的王之春便跟隨而至。

鄭、王兩人當下合謀，以這幾年鄭觀應在開拓輪船招商局南洋事務時對東南亞國家的瞭解為線索，訂下一條「暗結暹羅襲取西貢」之計。他們認為，鑒於滇、粵官軍在越南北部戰場失利，必須用間出奇，別開生面，開闢第二戰場，用迂迴戰術取勝。暹羅國位於越南之東，與西貢接壤，出入西貢很方便。其國王鄭姓，廣東人，尊敬中國，重視鄉誼，與鄭觀應熟識。其屬下官員多為廣東人，每談及法越之戰，亦為之不平，是可以聯結的對象。暹羅之極東為英屬殖民地新加坡，亦有十多萬廣東人在此定居。上海輪船招商局在西貢及新加坡均設有分局，由鄭觀應管轄。他們擬訂了這樣的計謀：由暹羅發潛師以襲取西貢，出其不意，攻其無備，顛覆法軍之老巢。作為呼應，須以重金招募西貢、新加坡兩處壯士數千人，密為內應，於暹羅兵到時舉火為號，三路夾擊，聚而殲之。

被前方戰事弄得寢食不安的彭玉麟欣然接受了這個計謀，並煞有介事地向皇帝上了一道密摺，奏稱：

> 「臣軍營務處候補道王之春密稟：現有三品銜候選道鄭觀應，廣東香山人，自幼從海舶遍歷越南、暹羅、新加坡等處，熟悉洋務，與王之春共事有年，每談及法酋蹂越尋釁廣東，深同義憤。……臣擬密飭鄭觀應潛往各該處，妥為結約。……事有端倪，臣再派王之春改裝易服，同往密籌。屆時，密催在越各軍同時並舉，而不明言其故。西貢失，則河內海防無根，法人皆

可驅除，越南或可保耳。」[80]

　　這便是著名的「南洋策劃」，一個效法「假虞滅虢、圍魏救趙」的故事充滿了爭議的奇謀。報國心切的鄭觀應致信彭玉麟，自告奮勇願前往暹羅、西貢和新加坡等處密為聯絡布置，相機而動。於是，彭玉麟在一八八四年一月七日以辦理水陸防務需員差遣為由，奏調鄭觀應到廣東軍營效力。正在上海為醇親王奕譞的神機營採辦槍炮的鄭觀應得到這個消息後，十分激動。他在寫給醇親王的稟文中提到這件事並表示盡忠報國的決心：「官應（觀應）赴粵後，惟有黽勉從事，靜聽指揮。如稽查內奸、招集民團等事，知無不言，為無不力。聯絡鄰好，不敢畏難，不敢避險，不敢言勞。以仰副培栽於彭帥，即以酬王爺期許之盛心，第使我武維揚，海波不起，則官應所默禱也。」[81]

　　在〈留別滬上同人〉一詩中，他表達了擺脫商務的羈絆，奔赴前線一展身手的快意和建功立業的抱負：

　　　　久客申江百事羈，不才恐負聖明知。
　　　　還期破敵徵心略，更出奇兵借指麾。
　　　　半壁屏藩將盡撤，一篇圖畫界邊陲。
　　　　諸君送我殷勤意，早祝天山露布馳。

　　鄭觀應在交待了上海企業的事務後，於一八八四年三月十日啟程，三月十五日到達廣東，謁見了彭玉麟和兩廣總督張樹聲。

---

80 鄭觀應：〈彭剛直公密籌暗結暹羅襲取西貢密摺〉，收錄於夏東元編：《鄭觀應集》下冊（上海市：上海人民出版社，1988年），頁1516。

81 鄭觀應：〈稟醇親王為報效德律風電報機器並呈仿照泰西英法俄美德創設水陸軍學堂章程〉，收錄於《鄭觀應集》下冊（上海市：上海人民出版社，1988年），頁436。

張樹聲此時正在為一件事發愁，見到鄭觀應，大喜過望，如獲救星。馬上令他到香港交涉廣東所買大炮事宜。原來，粵防當局委託駐德公使李鳳苞在德國克虜伯廠購買了火炮二十五尊，已經運抵香港。正要提回廣東之際，港方卻因惠州會黨滋事而禁止軍械出口。張樹聲派出數人赴港交涉，均無結果。張樹聲認為，禁止從香港出口的軍械應係專指由會黨私行購買的軍火，由官方購買並有印文憑據者斷無禁止之理。他知鄭觀應「通達交涉事宜，於香港尤為熟悉」，便要他「速赴香港，會同起運毋違」。軍機不得延誤，鄭觀應二話不說，隨即赴港拜謁香港英兵總理，陳說理由。果然不負所望，馬到功成，數天後，所有大炮提運回省。

張樹聲與彭玉麟對辦事幹練的鄭觀應更為器重，三月二十二日，正式劄委為「總理湘軍十四營營務處事宜」。

鄭觀應在商務上是內行，在軍事上卻是外行，但他見多識廣，有洞察力，能發人所未發。

中法戰爭前夕，洋務自強運動從十九世紀六〇年代以來已經進行了足足二十年，西方先進武器買了不少，自己也辦起了一些軍事工業，福建、北洋和南洋三支水師初具規模，湘、淮軍等主要軍隊基本上都使用洋槍洋炮，各大城市之間也架起了電報線，中國國防力量比前大大增加。主戰派認為可以與法國一決高下。鄭觀應也是主戰派，但他考慮得更多一些。他看到軍營裏散漫無序，士兵缺乏訓練，對武器一知半解，測量不准，打槍不中，心裏焦急。他一再強調軍隊「器物未精，演習未熟」，除了有新式武器之外，還要有使用武器的人，人的因素不可忽視，中國軍隊的軍事人才和士兵素質還遠遠比不上西方。接手營務處不久，他就分別向醇親王、彭玉麟、張樹聲和李鴻章寫報告，提出迅速開辦水陸師學堂培養將才，並加強對軍隊的訓練。

事實果然如此，沒有現代軍事人才的組織指揮，沒有戰鬥員對武

器的熟練掌握和使用，再好的武器也是一堆廢物。經過中法戰爭，清廷開始認識到這一點，戰後，陸續創辦了一些軍事學堂，此是後話。

（三）深入敵後

法軍通過北寧一役，基本上完成了對整個越南的佔領，但是並不等於在越南取得了最後的勝利。越南軍民反法鬥爭烽煙四起，劉永福的黑旗軍和援越清軍也高度戒備地與法軍對峙著。不想與中越兩個國家同時開戰的法國便採取了各個擊破的詭計，誘使清政府坐到談判桌上來。

本來就處於戰和不定之中的清政府此刻又倒向主和派一方，馬上派李鴻章與法國代表福祿諾在天津談判，一八八四年五月十一日，雙方簽訂《中法會議簡明條款》。但是，合約的訂立並沒有帶來和平，反而暴露了清政府的軟弱可欺。六月二十三日，清軍從越南撤退的期限還沒有談妥之際，法軍就以「接防」為由，突然進軍諒山，在觀音橋（北黎）打死清軍代表，炮擊清軍陣地，挑起所謂的「北黎事件」，戰爭風雲再起。

彭玉麟早就不滿中法和談，為了挽回敗局，決定把「南洋策劃」付諸實行。他奏准朝廷派鄭觀應前往南洋偵察敵情，以便相機給法國以致命一擊。

一八八四年六月十一日，鄭觀應叩別彭玉麟，帶了文案（秘書）羅宇彌，約同弁勇呂成，坐「保安輪」啟程。出發時在船中尋覓不見呂成，鄭估計他已先期出發，便與羅文案先到香港，再冒險換乘敵國公司的輪船東行，於六月十六日到達西貢，住進了中國輪船招商局在西貢的駐地。果然，呂成已先到暹羅京城曼谷，於六月二十九日與鄭會合。

呂成被鄭觀應視為荊軻一流人物，鄭觀應說：「呂成從少年時起

即在南洋一帶貿易，往來暹羅、越南之間，豪俠仗義，徒黨甚眾，曾在西貢與法人為難，又曾與我陳說恢復之計，井井有條。我與他十分投契，欲收為國家之用。」[82]於是「厚贈資斧」，令呂成與其眾徒深入越南、暹羅扼要之地，暗將西貢共有炮臺幾座、是何新式、每座有炮若干、是何等炮、能打多遠、有兵若干、彈藥房在何處等等，一一查明，又將西貢至金邊、金邊至暹羅的水陸炮臺、兵房逐一繪圖貼說。法人有何舉動，隨時用暗號稟報。

鄭觀應臨行時，彭玉麟囑咐他說：「此行宜縝密，毋貽國家羞！」鄭肅然答道：「君事不密則失臣事，機不密則害成易。義宜凜矣！事之成否不可知，觀應豈敢宣洩。」[83]一路上鄭觀應逐日寫日記，把他所看到和聽到的有參考價值的事情和言論記錄下來，最後寫成了《南遊日記》一冊。寫日記的目的是提供法占西貢的各種情報，所以記錄十分詳盡。戰爭結束後，彭玉麟感慨萬千地為此書題寫了如下詩句：

> 遠涉滄溟萬里舟，一腔熱血耿中流。
> 洪濤百丈憑夷險，壯志千尋足智謀。
> 拔劍有歌悲易水，擊錐無地劈秦溝。
> 歸帆滿載艱辛重，惆悵英雄願未酬。[84]

此詩寫出了鄭觀應歷經萬里波濤的辛勞、不怕犧牲的精神和壯志未酬的遺恨。

---

82 鄭觀應：〈南遊日記〉，收錄於夏東元編：《鄭觀應集》上冊（上海市：上海人民出版社，1982年），頁947。

83 同上書，頁946。

84 鄭觀應：〈彭玉麟識《南遊日記》〉，收錄於夏東元編：《鄭觀應集》上冊（上海市：上海人民出版社，1982年），頁943。

　　鄭觀應在奔波六十四日、往返兩萬餘里的南洋之行中，在香港、西貢、新加坡、暹羅、金邊、檳榔嶼和麻六甲各埠之間穿行，屢遭法人之盤詰，出入於驚濤駭浪、蠻煙毒瘴之地，間關險阻，備嘗艱難。但他發誓：「一腔熱血從何灑？不破西戎誓不還！」[85]

　　在「南洋策劃」的基礎上，鄭觀應又形成並提出了「合縱御暴」的思想。他觀察了各地抗法力量的分佈，計劃聯絡越南北部的劉永福黑旗軍、暹羅國王、緬甸國王、東南亞華僑領袖呂成等，共同對付法國侵略者。

　　但實現這個想法遇到了不少困難。在新加坡，鄭觀應會晤了暹羅駐新加坡領事陳金鐘，想請他從中斡旋。陳祖籍福建漳州，居此地三世。他聽了鄭的來意，不以為然，搖著頭說：「越南亡矣，中國敗矣，和議成矣，吾何知焉！吾何知焉！」鄭先動以情，對他說：「君雖為暹羅之官，實中國之人也，中國受辱於西人，平心論之，君獨不受辱乎？觀應破浪乘風，不遠萬里而來，以為君識大體，力任時艱。」[86]繼而，他又對陳分析國際形勢：「法、英假通商、傳教為名，實則心懷叵測。越南已受其愚，須早合縱以御暴。若暹羅猶遲疑瞻顧，不聯緬甸以事中國，將來必蹈越南覆轍。」同上。最後，指出陳金鐘有責任調整暹羅與中國的關係。鄭觀應說，暹羅本為中國藩屬，卻做了三件對不起中國的事。一是多年不朝貢；二是苛待華人（別國之人在暹不收身稅，專收華商之稅）；三是暹王之祖弒君自立，而其君本為中國人，已受中國敕封。暹王這樣蔑視中國，理宜興師問罪，君既食其祿，應分其憂。何況你還曾寫信召我來此，現在為什麼又食言？」

---

85 鄭觀應：〈南遊日記〉，收錄於夏東元編：《鄭觀應集》上冊（上海市：上海人民出版社，1982年），頁952。

86 同上。

陳金鐘見鄭觀應義正詞嚴，馬上道歉解釋：「吾非不知尊中國也，但恨君民之氣不達耳，富強之策不興耳。如必欲圖之，則吾有術也。」

鄭問：「其術若何？」

陳答：「即與暹羅通商而已。誠能通商，則奇謀秘計可得而措矣。」[87]

陳金鐘的話很有道理，在十九世紀下半葉，國與國之間的關係已經到了一個新的時代，清朝如果再不發展與鄰國的經濟互利關係，藩屬國將會離心離德，分裂出去。

於是，陳馬上修書一封，交鄭觀應帶到暹羅面見國王之弟利雲王沙。利雲王沙任官軍機中書，兼管度支稽查銀庫事務，掌有實權。鄭觀應約上暹羅華商慶裕一同前往謁見並送上禮物。彼此握手為禮，以通事傳話。

鄭觀應說：「我奉兵部尚書彭玉麟之命，向貴王問安。現因法國並滅越南，外間風聞有貴國助法攻越之說，其傳言之誤乎？抑確有是事乎？」[88]

利雲王沙答：「助法攻越，敝國實無此心。今春二月，法領事曾向敝國言，欲借兵偕往東京助戰，敝主已力卻之。其領事已復書法廷，上國可以無慮。」[89]

鄭說：「貴國不助法人，本道佩甚。然貴國臣貢我朝，世已二百年，世守恭順，中外皆知。今既不助法以攻越，其復修貢職乎？抑助中國以圖法乎？」[90]

---

87 同上。
88 同上書，頁955。
89 同上。
90 同上。

王答：「貢職不修，敝國無罪。在昔二十八年，敝國遣使修貢，入廣東境，途中遇盜，劫掠我貢珍，殺傷我貢使，翻譯國書又多刪改，敝國之意無以上達伸訴。自是以來，不敢效貢上國，無得以此相責難。惟助中圖法，敝國甚願，然必須訂立條約，方能措手。擬派敝領事陳金鐘赴粵東、天津，與彭宮保、李傅相商議條約，上國其許我乎？」[91]

鄭高興地說：「貴國果能知幾，我大臣必能體諒。」[92]於是大家相互慰勞而別。

鄭觀應在暹羅獲得奧援後，又出發到金邊。

在開往金邊的船上，鄭觀應與丹麥船主、美國商人談論中外交涉情形。船主對他說：

> 「以現在歐洲大勢論之，水師以英為最，陸師以俄為冠，法國俗強悍而人勇鷙，普國勤訓練而尚權謀，四國地廣兵雄，船堅炮利，縱橫海外，各有兼弱攻昧之心。而歐洲小國比利時、盧森堡等之所以能夠自存，實賴有均勢之心法，聯盟之公會耳。」[93]

鄭觀應大感興趣，問道：

> 「夫公會之法，不論國之大小，秩之尊卑，立約訂盟，互相聯合，共推盟主，與我國春秋時管夷吾一匡天下糾合諸侯之義是

91 鄭觀應：〈南遊日記〉，收錄於夏東元編：《鄭觀應集》上冊（上海市：上海人民出版社，1982年），頁955。

92 同上。

93 同上。

否相當？」[94]

船主說：

「正是。考歐洲各國有君主，民主，君民共主之別，均立議政
院，上下情通。果欲傚行，必須遵照新章，始有實效也。」[95]

鄭觀應頓受啟發，合縱御暴的思想更為明確了，他在日記中寫道：

「我朝化育萬邦，控御八極，現下高麗、暹羅風氣日開，富強
可望，廓耳喀（柬埔寨），緬甸雖安固陋，尚堪自守。應簡使
臣分赴各國，曉以利害，怵以禍福，使之聯合各邦，舉行公
會。」[96]

　　聯合弱小國家組成公會，與列強對抗，以維持均勢，這是鄭觀應
禦外思想的新發展，在戰後他撰寫《盛世危言》時這個思想得到更為
詳盡的表述。
　　鄭觀應在《南遊日記》中的一段話，現在經常被歷史學家引用，
認為是中國近代政治思想史上最先提出在中國設立議院的政治改革言
論，具有重要的開創性。這段話寫於光緒十年閏五月十九日（一八八
四年七月十一日），原話如下：

「余平日曆查西人立國之本，體用兼備。育才於書院，論政於

---

94 同上。
95 同上。
96 同上。

議院，君民一體，上下同心，此其體；練兵、製器械、鐵路、
電線等事，此其用。中國遺其體效其用，所以事多扞格，難臻
富強。」[97]

　　這段話指出，中國之所以難以達到富強之境，是因為學習西方不
得要領。西人立國的根本在於育才和論政，建立書院和議院，實行民
主議政制度，達到了「君民一體，上下同心」。而中國在「中體西
用」的原則之下，向西方學習注重「用」——練兵製器，而不知道還
要學習「體」——教育制度和政治制度。結果是「遺其體效其用」，
即遺漏了最要緊的、最根本的富強要素，只學習了西方的皮毛，所以
到現在還達不到富強之境。他主張應該趕快改正過來，「體」和
「用」都要學才成。

　　為什麼鄭觀應能成為最早提出政治改革言論的先知先覺者？這與
他在南遊六十多天中的見聞肯定有關。除了上文提到丹麥船主說的話
之外，鄭觀應在與華僑華人的接觸中痛感清廷與人民之間的隔閡殊
深，民心喪失，顯然更是大有關係。

　　在鄭觀應出發前，彭玉麟對他提出具體的任務是：「前往西貢、
暹羅、金邊各處，不動聲色，細心體察情形：西貢是否防守嚴密？該
處華人是否蓄恨甚深、內應可靠？暹羅君臣果否實心樂助軍力？該處
華人果否真心報效、願助餉需？以及若何進兵？若何攻擊？地勢若
何？夷情若何？統凡一切作何規劃之處，均須一一暗地密查確實，斷
不敢輕舉妄動，致肇他釁。」[98]對照《南遊日記》，我們可以發現，鄭

---

97 鄭觀應：〈南遊日記〉，收錄於夏東元編：《鄭觀應集》上冊（上海市：上海人民出版
　　社，1982年），頁955。
98 鄭觀應：〈彭剛直公奏密籌暹羅布置附片〉，收錄於夏東元編：《鄭觀應集》下冊
　　（上海市：上海人民出版社，1988年），頁1517。

觀應做事機密，認真細緻，完滿地完成了任務。但是，他所獲得的真實情況，也令他大為震驚。

「越南亡矣，中國敗矣，和議成矣，吾何知焉！」「吾非不知尊中國也，但恨君民之氣不達耳，富強之策不興耳。」陳金鐘這些憤恨不已的話，時時在耳邊迴響。鄭觀應與暹羅總管華人事務的官員劉乾興會晤，劉本是廣東嘉應州人，但「語以華事，漠不關心」。彭玉麟在奏摺中稱：「若攻打西貢餉械不繼，彼國華民尚可報效捐助。」[99]但鄭在南洋看到，有錢的華民皆入外籍，不思故鄉。欲勸南洋華商急公好義，而有心者無力，有力者無心，未能如願。鄭觀應參加在暹羅潮州人的聚會，「酒酣，俱以暹羅苛待華人相告」，對中國不設領事保護華人甚為不滿，並說：「現在各國或數千人或數十百人，無不設立領事，獨我朝不設此官，是以華民受其苛虐，無處申訴，此亦中朝之缺事也，請為我民陳之。」[100]鄭「聞之惻然」。另外，華僑的「殷殷還鄉之望」，卻因為「回家為其鄉人及本家捏詞勒索」的慘痛遭遇而阻斷；拳拳報國之心，也因為清軍「未與法戰而潰」的表現而心涼，喪失了捐助軍餉的熱情。「豬仔」流落海外，清廷沒有派出領事加以保護，命運慘不忍言，更使鄭觀應歎道：「昔年早已瀝陳當道，不意此風仍未絕也！」[101]

種種經歷，使鄭觀應在震驚之中得到了啟發，他在日記中寫道：「晨起，披閱《易言》，覺昔日見聞，以今日證之，多未透徹。」又說：「是晚閒行船面，星稀月朗，撫時感事，不禁淒然！」[102]他對過

---

99 同上。

100 鄭觀應：〈南遊日記〉，收錄於夏東元編：《鄭觀應集》上冊（上海市：上海人民出版社，1982年），頁957。

101 鄭觀應：〈南遊日記〉，收錄於夏東元編：《鄭觀應集》上冊（上海市：上海人民出版社，1982年），頁978。

102 同上書，頁969。

去的思想進行了反省，覺得自己對很多問題的看法還不夠深入和確當，在苦苦尋求救國真理的過程中，他終於悟到了中國改革更深層次的問題。這些新的思想收穫，促使他在五十三歲時又發表了新作《盛世危言》。

一八八四年七月三十日，鄭觀應獲知中法和議決裂，不日開仗，法國已下令封禁越南各處海口，不准華人往來，為避免滯留西貢，決定啟程回國。在回國之前，他又繞道新加坡，與陳金鐘再次相約，陳金鐘對他說：「君以誠心相委，自必以誠心相報。」[103]鄭觀應才放心地踏上歸途。八月十二日，回到廣東省城。他從南洋帶回的情報還有〈中越交界各隘〉、〈越南道路〉、〈西貢至金邊水路程〉、〈西貢至金邊旱路程〉、〈暹羅至金邊路程〉、〈老撾部落〉、〈暹羅地圖〉、〈暹王兄弟后妃及王城宮殿〉等文字和圖片。

鄭觀應對這次南洋之行寄託著無窮的希望，他在詩中寫道：「曾從海外訪同心，欲建奇功震古今。」並把此行視為生平壯舉，引以為驕傲：「誰謂平戎措手難？出奇製勝有田單。」[104]可惜由於清廷腐敗，中國國力未強，不敢與法決一死戰，在取得鎮南關──諒山大捷後，在「乘勝即收」的思想主導下，與法簽訂和約。和約承認法越之間的條約，開放中國西南口岸通商。越南成為法國的保護國，廣西、雲南兩省成為法國窺視和侵略的對象。「南洋策劃」自然也付諸東流。

（四）歸隱故里

鄭觀應回粵後，因為臺灣軍務緊急，被彭玉麟和新任兩廣總督張

---

103 同上書，頁980。

104 鄭觀應：〈羅浮待鶴山人詩草〉，收錄於夏東元編：《鄭觀應集》下冊（上海市：上海人民出版社，1988年），頁1264。

之洞派到汕頭辦理援臺轉運事宜。鄭觀應利用他在商務上的關係，租用中國和外國的輪船運送軍隊和糧餉，接濟臺灣的抗法鬥爭。不料，正當他抵達香港準備轉往汕頭和廈門之時，卻被香港當局拘禁起來。

鄭觀應被拘禁的原因，與他兩年之前向上海太古洋行保薦的人出了經濟問題有關。一八八一年，當他離開太古洋行加盟輪船招商局時，向太古推薦了他的同鄉楊桂軒。楊也是買辦出身，有了鄭觀應和另外兩位同行作保，當上了太古洋行總買辦。楊答應以自己每年所得利潤的百分之二十酬謝鄭觀應。但是，楊在任職期間，不但沒有履行諾言，還利用職權私調太古資金與人聯合開設茶棧，挪用資金回家建造房屋，加上經營失敗，竟然虧空了太古公款十多萬元。事發後楊桂軒逃去無蹤，太古追究三個保人的責任，要他們賠償損失。兩個同保人賠了一些，還欠四萬兩，太古要鄭觀應照數賠足，鄭一時無力償還，太古便瞅準他到達香港之機，將他拘押。

除了被太古追討保款之外，鄭觀應同時還欠著上海機器織佈局和泰古錢莊的款，也被它們通過官方向他追討。這兩項欠款是在一八八三年的經濟危機中因股價下跌而欠下的。鄭觀應債務纏身，陷入了從未經歷過的困境之中。為了還債，他請求廣東和上海的親友解囊相助，但是欠款的數額太大，借籌也十分不易。鄭觀應只得按照「西例」，宣告「破產」，把原來存放在太古帳房、棧房的傢俱盡數變賣，以抵償債務。他與人合辦的「太古昌攬載行」中屬於他的股本也被沒收。經過差不多一年的交涉，太古債務問題解決，才得以離開香港。而織佈局和錢莊的欠款則要到一八九〇年才最後還清。

將近一年的拘禁生活，對鄭觀應的身心造成極大的打擊，他「抑塞憤懣，熱血填膺，致成肝疾」。回到澳門家中，臥病在床三年整。他在詩中寫道：

　　　　家惟千卷書，囊空無一錢。

　　　　弟兄交相責，妻孥涕淚漣。

　　　　我心不可轉，窮通聽自然。

　　　　魔障應無法，一笑梅花前。[105]

　　不但貧病交加，而且因軍功獲得的仕途陞遷的機會也因蹉跎歲月於香港而失去。事業失敗的打擊，欠債未清的壓力，健康狀況的不良，都令他心情沮喪，精神苦悶不堪。鄭觀應跌到了人生的冰點。

　　從一八八六至一八九一年（四十四至四十九歲），鄭觀應基本上幽居澳門，住在新建成不久的鄭家大屋裏。這座寬敞的大房子始建於一八八一年，正是鄭觀應春風得意之時。他們兄弟幾個寄錢回家資助父親建了這棟房子，現在，疲倦的遊子回到這個生他養他的溫暖的窩，治療身心的創傷。

　　一八八五年，當鄭觀應踏進這座新建成的家宅，便寫了〈題澳門新居〉七絕兩首。其中一首是這樣的：「三面雲山一面樓，帆檣出沒繞青洲。儂家正住蓮花地，倒瀉波光接斗牛。」[106]坐落在山海之間的家宅，「前迎鏡海，後枕蓮峰」，可以看到雲影、波光、帆檣以及遼闊浩淼的大海汪洋，大自然的純淨和優美淘冶了鄭觀應的心靈，鬱悶的心境開始舒緩下來。

　　鄭觀應年少時多病，壯年以後，又深受哮喘、肺結核等病困擾，為了治病，他接受了道教的養生之學。道教在中國民間頗為流行，鄭在上海就時常「尋真訪道」，「凡三教經詩、諸子百家、占卜術數之

---

105 鄭觀應：〈羅浮待鶴山人詩草〉，收錄於夏東元編：《鄭觀應集》下冊（上海市：上海人民出版社，1988年），頁1334。

106 鄭觀應：〈羅浮待鶴山人詩草〉，收錄於夏東元編：《鄭觀應集》下冊（上海市：上海人民出版社，1988年），頁1342。

學，靡不研究」。在澳門閒居有暇，他又鑽研起道術來。一八八六年，他專程赴廣東道教聖地羅浮山，拜師學道。在山中，他結識了煉師彭淩虛，把彭傳授予他的「三步口訣」編寫成一本小書，他對道教的認識進一步加深，興趣日益濃厚。

除了研究道術之外，鄭觀應還研究醫術。他家中藏有不少醫書，天天都翻看，還把其中的簡捷良方抄錄下來，登於報刊，以饗同好。日積月累，他編寫了《備急驗方》。他對西醫也很感興趣，認為應該把中西醫學結合起來，他編寫了《中外衛生要旨》一書，序中歷述其受庸醫之苦，對中醫的局限，深有體會，對西方醫學多有讚美，但他沒有全盤否定中醫，而是主張改良中醫，會通中西醫學，實行中西合璧。書中輯錄了中西醫學的理論和驗方，使其互相參考，棄短取長。鄭觀應是最早提出「中西醫合璧」主張的人之一。在書中，他還自題詩一首：「久病憐人苦，搜羅簡驗方。衛生中外旨，編刻當慈航。」表達了他一貫的推己及人、心憂天下的胸懷。

在幽居生活的後期，鄭觀應的債務逐漸理賠清楚，身體也日益康復，養家活口的責任不能讓他繼續「息影蓬廬，潛心邱素」，所以，他又計劃著復出求職了。在盛宣懷、唐廷樞、王之春、經元善等眾多好友和熟人的幫助下，他謀到了開平煤礦粵局總辦一職，於一八九一年四月到廣州上任。

三　道器觀與中西文化

鄭觀應是中國近代著名的改革思想家，提倡學習西方先進文化，改造中國社會。他與中國文化和西方文化都有接觸，對中西文化的認識自然也是獨到的，但是由於沒有作專門的論述，人們對他的文化見解和文化取向不甚了然。下面試圖通過分析鄭觀應與中西文化的關

係，對這個問題作初步的評述。希望通過這一個案的考察，對中國文化在現代化的過程中如何吸收外來文化、如何保留傳統、如何形成新的文化格局等問題，有所啟發。

（一）中國文化培養出救世情懷

首先，不言而喻，鄭觀應是由中國文化塑造出來的。從五歲入塾讀書到十七歲結束學業走上謀生之路，鄭觀應所受的教育主要來自兩途：一是庭訓；二是鄉塾。

所謂「庭訓」，就是家庭的教誨。鄭觀應自述：「官應夙秉庭訓，飫聞先曾祖璧莊公性耿直，膽識兼優，為高祖墳地被富豪侵葬，不畏財雄勢大，挺身赴縣力爭，經年訟始得直，合族德之。先祖鳴歧公儉樸寡言，敦品勵節，均不屑以尋章摘句為能。先榮祿公……一言一行，動為世法，性孝友，重言諾，慷慨好義，有古傑士風。」[107]

由此得知，鄭觀應的家族傳統是方剛正直、不畏強暴、講求道德修養、慷慨好義、注重實學。他的父親鄭文瑞對他的影響最大。文瑞「生秉異姿，夙承家學，讀書過目成誦，藏書頗富，手自校讎，丹鉛殆遍，然澹於進取，敝屣科名，設帳授徒」[108]，是個學富五車的教書先生。他教育學生的一個重要手段是把大量的先賢格言收集抄錄下來，編成教本，藉以振聾發聵，用於化民成俗。他編的書有《訓俗良規》、《勸誡錄》等。這些書對鄭觀應的人格形成有重大意義，以致鄭觀應在晚年還把《訓俗良規》整理付印，認為它「言雖淺近，事實淳詳」，是「善書之最著者」。文瑞的慷慨好義的品格深深地影響著鄭觀應，他在家鄉籌置義田，興立善堂。凡地方上的水利、橋樑、義倉等

---

107 鄭觀應：〈先考榮祿大夫秀峰府君行狀〉，收錄於夏東元編：《鄭觀應集》下冊（上海市：上海人民出版社，1988年），頁1222。

108 同上書，頁1223。

公益事業，無不熱心規劃，盡力捐輸。光緒五年（一八七九年），河北、山西等地遇上大災，文瑞命家人售鬻衣飾捐資。時在上海經商的鄭觀應也邀集同志設立了協賑公所，募得數十萬金，救了不少人命。由於鄭父提倡賑災最早，而鄭家集款又最多，朝廷下旨褒獎其「一門義行」，頒給「樂善好施」四字。鄭觀應常說，自己所以不自量力地寫下《救時揭要》等許多文字，無非是因為「夙承庭訓，不敢自棄」。正好說明了他的社會責任感的最初來源是家庭的教育和影響。

鄉塾教育，一是啟蒙，讀三字經、百家姓、千字文、幼學瓊林等，再學一些日用雜字。二是科舉考試的訓練，讀四書五經、學寫八股時文。中國傳統的倫理道德與政治學說則貫穿在教育的過程之中。鄭觀應接受能力很強，忠孝仁愛、禮義廉恥的道德標準深深地印在他的腦子裏，中國文化的和諧、求實、進取精神融入了他的血液中，「立功、立德、立言」的人生價值成為他的行為動力和終生追求。

鄭觀應可說是中國鄉塾教育的一個成功例子。在他三十一歲時寫成的《救時揭要》一書中，展現了他所獲得的中華文化的優良精神道德和思想觀念。鄭觀應在該書的〈序〉中說明自己寫書的動機是經世致用，而其做法則是把中國古代的「道言精義」、「因果報應」等思想言論輯集起來，加上自己的見聞，進行推廣發揮，以達到匡時救世、普濟眾生的目的。他說：「研性理則輯道言精義，論感應則集志果諸書，竊冀廣推，妄災梨棗；又復觸景傷時，略陳利弊，隨所見聞，頻登《申報》，更伸鄙臆，撰成是編。」[109]可見，此時他的主要思想來源還是中國文化。

該書主要篇章為十九世紀六〇年代所作，少數為七〇年代初所

---

109 鄭觀應：〈救時揭要序〉，收錄於夏東元編：《鄭觀應集》上冊（上海市：上海人民出版社，1982年），頁4。

寫，並在《申報》上刊登過。此時，鄭觀應剛從農村走進城市，見聞漸廣，有些文章也介紹了西方國家的治國方略，有了採用西法的初步設想，但該書總的傾向還是把中國傳統的「仁政」、「德治」作為治國的根本方法，以勸善懲惡為治人的根本方法。

　　他恪守古聖賢教誨，以之作為行動指南。該書幾乎每篇都有引用先賢語錄作為立論依據，或放於篇首，或放於篇中。如〈澳門豬仔論〉篇首是：「《書》云：民為邦本，本固邦寧。故先王行仁政以濟貧乏，嚴法令以禁遊民，使億萬人為一心，所以保天下之民，不使流離失所，投諸他邦，為日後執柯伐柯之患也。」[110]又如〈擬自禁鴉片煙論〉指出「己所不欲，勿施於人。入國問禁，入鄉問俗。中外同情，斷無或異」，認為外國既以重稅禁止煙酒之氾濫，推己及人，也應同意我國以重稅阻洋煙之入口。[111]在〈或問守身要旨〉一文中，講到勤儉的道理時，他便引用了朱子的話：「一粥一飯，來處不易；半絲半縷，物力維艱。」類似的「呂祖雲」、「文昌帝君曰」、「古云」、「經曰」、「書曰」等等在書中俯拾即是，可見鄭觀應的倫理道德觀念承接了中國的傳統，而以他為代表的中國商人則有著與西方商人差別很大的文化面孔。

　　鄭觀應認為世道的好壞關乎人心，因此努力勸人行善積德，宣揚善有善報，惡有惡報。他在〈救時揭要序〉中說：「人之本何在？心是也。存其心則惟善為寶。而心寬體胖，事無不安，人無不樂，天必將於其間降之以福；失其心則以惡為能，而心悸神昏，事無不悖，人無不怨，天亦於其間降之以禍。」[112]就是說禍福都是由人心造成的。因此，他在〈勸誡放生論〉中說：「願結同志，體天地好生之德，倣

110 夏東元編：《鄭觀應集》上冊（上海市：上海人民出版社，1982年），頁6。
111 同上書，頁19。
112 夏東元編：《鄭觀應集》上冊（上海市：上海人民出版社，1982年），頁4。

古人愛物之心，令一切物命出諸割烹之地……又能推愛物之心，為愛人之舉，樂施孝友，濟弱扶傾，救人一命，勝救百萬生物，其功德不可量矣。」[113]他在〈論三教要旨傍門惑世〉中說：「信夫聞道之士，先貴積德。孝悌之道，通乎神明，此積德於親也；諸惡莫作，眾善奉行，此積德於世也；持其志，勿暴其氣，此積德於身也；毋不敬，儼若思，此積德於心也。老子所云『道生之，德蓄之。』求道不積德，猶饑而無糧也。孔子曰：『德之不修，學之不講。』其斯之謂歟？」[114]他還舉了某人做了好事得到好報、某人做了壞事得到惡報的例子，證明因果報應道理，以警醒世人。他在自述修身的目的時說：「余視富貴如浮雲，欲修身以濟世，何富貴之有？然大富大貴乃前生所定，祖德宗功。……為富不仁，……其子孫不能保也。」[115]道德高於功利，是鄭觀應不同於一般惟利是圖的商人的地方。

無可諱言，鄭觀應的思想中同時存有中國文化的精華與糟粕，因果報應是不科學也不新鮮的觀念，但他對中國文化的優良部分的繼承是主要和大量的。

（二）尋找救國良方：走近西方文化

大約在《救時揭要》刊行後十年（一八八〇年），《易言》三十六篇本和二十篇本相繼問世。這些在十九世紀七〇年代寫成的篇章，顯示了鄭觀應文化視野的拓展，西方文化成為他熱心學習研究的對象。鴉片戰爭以後西方勢力入侵中土，苦力貿易、鴉片貿易給人民帶來了深重的災難，加上國內連年的水旱災害、糧食不足、醫療落後，人民生活非常困苦。鄭觀應目睹時艱，憂心如焚，亟思挽救。他像一個醫

113 同上書，頁40。
114 同上書，頁48。
115 同上書，頁51。

生一樣，總是希望找到效力特強的藥方。上海這個城市為他提供了有利的條件。

　　他從十七歲開始到上海洋行當學徒、打工，業餘時間又學習英語，曾師從英國傳教士傅蘭雅。傅蘭雅是博學之士，鄭觀應從向他學習英語開始，又「究心泰西政治、實業之學」。在積蓄了一定的資金後他自己開茶棧、辦公司，從事對外貿易，常與外國商人打交道，在二十多年的工作和生活中接觸到不少西方人士，這對他瞭解西方文化有很大的幫助。上海「自西人來後，風氣先開」，成為西方文化登陸中國的第一站，西方書籍和報刊觸目皆是，這對他鑽研西學提供了極好的條件。鄭觀應非常勤奮好學，而學習目的又非常明確，就是研究泰西諸國之所以強、中國之所以弱的原因，為中國的富強提供意見。他在〈《易言》自序〉中說：「余質性魯鈍，鮮能記誦，長客四方，日與異國人相接。滬上為江海通津，冠蓋往來，群萃旅處，達人傑士，往往獲從之遊。竊聞時論，多關大計，以為由今之道，變今之俗，宜覽往古，法自然，諏遠情，師長技，攻其所短，而奪其所恃。而西人久居中國者，亦時時申其論說，作局外之旁觀。……每於酒酣耳熱之下，聞可以安內攘外者，感觸於懷，隨筆札記。」[116]可見《易言》不光是鄭觀應一人的見解，而是他與那些關心國事的人不斷地討論、反覆地研究的結果。他如海綿吸水一般，廣泛收集和吸取中外達人傑士的意見，再把各種零散的意見加工整合成系統、條理、切實可行的言論，鄭觀應所花費的心血非常人所能為，亦非常人所肯為。無怪乎當時思想最為開明敏銳的改革思想家王韜閱後歎道：「余讀未終卷，而竊歎杞憂子為今之有心人也。」[117]鄭觀應到上海接觸西方文化後，就像發現了一個新大陸。他對西方文化著迷，認為西方強國「富強有

116夏東元編：《鄭觀應集》上冊（上海市：上海人民出版社，1982年），頁173。

117同上書，頁61。

由，洵非一朝一夕之故也」[118]。他從公法、通使、傳教、交涉、開礦、鑄銀、鐵路、電報、船政、稅則、商務、國債、考試、水師、火器等方面論證了西方強鄰有好的做法值得中國仿傚。

《易言》一書的文化傾向，以鄭觀應的知己王韜說得最中肯：「(《易言》)於當今積弊所在，抉其癥結，實為痛徹無遺。而一切所以拯其弊者，悉行之以西法。若舍西法一途，天下無足與圖治者」；「誠能如杞優生（鄭觀應）之言，自強之道在此矣！」[119]這時鄭觀應對中西文化的認識，有如下幾個方面值得注意。

1.以世界的眼光審視中西文化，把兩種文化置於平等地位。鄭觀應認為，「中國開闢最先，建立最久，數千年來，更群聖人之經營締造，而文明以啟」，由於中國長期統屬於天子，以為自己是世界的中心，故有所謂內外之辨、夷夏之防。其實，中國文化只是世界文明之一種。他說：「天子號曰有天下，而實未嘗盡天所覆，盡地所載而全有之，則固一國也。」[120]歐洲各國與中國同屬地球上之一國，彼此並立，地位是平等的：「夫地球圓體，既無東西，何有中邊。同居覆載之中，奚必強分夷夏。」[121]歐洲各國的文明雖比中國晚起步，但後來居上，是中國的競爭對手：「歐洲各國，當中國漢時，始闢洪荒，至今未及二千年。故其風氣敦龐，人心堅定，較之中國，尚在春秋之世。……至於今，則歐洲各國兵日強，技日巧，鯨吞蠶食，虎踞狼貪，環地球九萬里之中，無不周遊販運。中國亦廣開海禁，與之立約通商。」[122]他認為中國只要擺正自己在世界上的位置，自視為萬國之

---

118 同上書，頁65。

119 同上書，頁66。

120 同上書，頁175。

121 同上書，頁67。

122 夏東元編：《鄭觀應集》上冊（上海市：上海人民出版社，1982年），頁67。

一，那麼中西文化便可平等交流，中國固有的優良文化也可以遠播歐美：「所謂彼教之來，即引我教之往。風氣一開，沛然莫御。庶幾聖人之道施及蠻貊，凡有血氣者，莫不尊親，文教之敷，於是乎遠矣。」[123]

2.肯定西方文化有很多優秀的地方，主張把好的東西拿過來為我所用。鄭觀應認為，雖然西方強國是侵略我們的敵人，如狼似虎；西方國家的文明起步比我們晚，被斥為夷狄，但不等於就不應向他們學習。他說：「彼夫惡虎豹而服其皮，取其溫暖也。斥夷狄而師其法，取其利用也。」[124]我們要效其所長，出乎其上。因為當今之世，非行西法則無以強兵富國。他對西方國家的涉外之法（包括公法、公使）、致富之道（包括商務、專利、機器、鐵道、電報等等）、防禦之方（如軍制、海軍、火器、練兵）、政事法令（如議政、廉俸、洋學、西醫、考試等等）均細細考究，進行中西對比，常常讚歎西方國家「法甚善也！」提出廣採西法以補中國之缺。

3.鄭觀應雖然沒有對中西文化的關係予以專門的論述，但他主張利用西法將中國的一切弊端悉加整頓，由此可知他認為中西文化是有共同性的、可以溝通和互補的，中西文化交流後，是可以融為一體的。此時，鄭觀應對西方文化的選擇，以是否對應中國的現實需要為基準，而不管它是「器」還是「道」。西方文化為我所用後，便與中國文化融為一體，但這種思想傾向在當時是觸犯禁忌的。所以，王韜出於保護也可能出於糾偏的心理，在《易言・跋》中說：「若捨西法一途，天下無足與圖治者。嗚呼！此我中國五帝三王之道將墜於地而不可收拾矣。古來聖賢所以垂法立制者，將廢而不復用。用夏變夷則有之，未聞變於夷者也。誠如杞憂生之說，是將率天下而西國之也。

---

123 同上。
124 同上書，頁127。

此書出，天下必將以杞優生為口實。嗚呼！是不知古聖賢之在當時，天下事猶未極其變也；而今則創三千年來未有之局，一切西法西學，皆為吾人目之所未睹，耳之所未聞。夫形而上者道也，形而下者器也。杞優生所欲變者器也，而非道也。」[125]王韜為之辯解，為之說明，恐怕他遭人攻擊和指責而使其好主張不能為當道者接受，用心可謂良苦。王韜還說，鄭觀應的論傳教一篇，證明他是恪守孔子之道的。其實，鄭觀應此時的反洋教，主要不是出於衛儒道，這個時候他對基督教還沒有深刻的研究和全面的認識。由於傳教士在中國的傳教活動激化了中外矛盾，教裏教外的人互相仇殺，教案迭出，使他視基督教為擾亂社會的不祥之物，所以反對洋人在中國傳教，他並無考慮到變器不變道的問題，但經王韜這一提醒，他開始注意到這個問題。

（三）「道器論」與中西文化融合之途

《易言》刊行後十幾年，經過不斷增續，篇幅更大，內容更廣，一八九四年改名《盛世危言》出版。《盛世危言》切中時弊，適應時代需要，不僅為世人所重，也為統治者們讚賞。江蘇布政司使鄧華熙把它進呈光緒皇帝御覽。皇帝大加肯定，命譯署刷印，分散臣工閱看，這使其在士大夫中的影響越來越大。

《盛世危言》既是鄭觀應原創，又承幾位同道之人及通時務者如余蓮村、王韜、沈谷人、謝綏之、家玉軒、陳次亮、吳瀚濤、楊然青等人改正、參校、刪定，不斷完善和圓熟，體例也更加嚴整，同時也加進了他們的意見。由於當時鄙薄西學者還相當多，該書既是大講西學，便不能迴避對中學的態度立場以及中西文化關係的說明，於是在書中特地安排了「道器」一篇，置於卷首。它既是全書的總綱，也是

---

125 同上書，頁166。

作者的表白之作。「道器」篇的主要觀點如下。

　　1.形而上者為之道，形而下者為之器。中國因有列聖相傳，「道」是得到繼承發揚的。但是，「西人卻不知大道，囿於一偏」[126]。這裏指出了中國文化優於西方文化的地方，是關於萬物與人性之本原的學問，即宇宙觀、自然觀、社會觀和價值觀，具體來說，就是孔子之道。

　　2.中國自秦以後，古人名物象數之學，流徙而入於泰西，其工藝之精，遂遠非中國所及。「秦漢以還，中原板蕩，文物無存，學人莫窺製作之原，循空文而高談性理。於是我墮於虛，彼徵諸實。」[127]這裏是說中西文化各有優勢。西學的優勢，是在「器」，即物質文明方面。

　　3.道與器是統一體，不可分離。雖然說道為本，器為末，但道中有器，器中有道，兩者不能割裂。「蓋我務其本，彼逐其末；我晰其精，彼得其粗。我窮事物之理，彼研萬物之質。……於是我墮於虛，彼徵諸實。不知虛中有實，實者道也；實中有虛，虛者器也。合之則本末兼賅，分之乃放卷無具。」[128]這是說中西文化各擅其長，但兩者不是排斥的，而是相容和互補的。中國所長與西方所長必須互相結合，才得完備。「昔我夫子不嘗曰由博返約乎？夫博者何？西人所驚格致諸門，如一切汽學、光學、化學、數學、重學、天學、地學、電學，而皆不能無所依據，器者是也。約者何？一語以足以包性命之原，通天人之故，道者是也。今西人由外而歸中，正所謂由博返約，五方俱入中土，斯即同軌、同文、同倫之見端也。由是本末具、虛實備，理與數合，物與理融，屈計數百年後，其分歧之教必寢衰，而折

126夏東元編：《鄭觀應集》上冊（上海市：上海人民出版社，1982年），頁242。
127同上書，頁242。
128同上書，頁243。

入於孔孟之正趨；象數之學必研精，而潛通乎性命之樞紐，直可操券而卜之矣。」[129] 這裏描繪了中國文化吸收了西方文化後所達到的中西文化融合的新境界。

4.中國由於有優越的孔子之道，必能「由強企霸，由霸圖王，四海歸仁，萬物得所」[130]，中國的以「王道」、「仁愛」為核心的文化取向必將克服西人所操的霸術，使世界歸於和睦與大同。這裏是說世界文化趨同的實現是由中國為主體和主導的，中國文化的力量是十分強大的。

總的說來，「道器」篇的中心思想是：以中國的傳統文化為主體，以「化西為中」的手段吸收西方文化，使中國文化得到發展和完善，最終以王道賓服天下。這一方面是滿足了中國人的民族自尊心和保持發展中國文化的願望；另一方面也指出了中西文化融合的大趨勢。對「道」與「器」的概念和內涵，鄭觀應沒有進行細緻的分析和邏輯的論證，大體上說，「道」與「器」可認為是文化結構中的兩個層面：精神和物質。鄭觀應認為，物質文明西方勝於中國，精神文明中國勝於西方，把中西文化融合起來可以生成完美的文化。這種中西文化融合論的提出，在當時來講是很不容易的，它打破了中國人心中牢固的「夷夏大防」觀念，為中國文化的更新改造奠定了理論基礎，是中國近代較早形成的新文化觀。當然「道器」篇也有時代的局限，因為鄭觀應認為「道為本，器為末，器可變，道不可變，庶知所變者富強之權術，非孔孟之常經也」[131]，說明他對中西兩種文化的認識是膚淺的，因而對兩種文化的價值判斷也不準確，更未能超越中國文化優越論和中國文化中心論。這些局限性在當時是難以避免的。

---

129 夏東元編：《鄭觀應集》上冊（上海市：上海人民出版社，1982年），頁243。
130 同上書，頁243。
131 同上書，頁240。

（四）文化取向：仿泰西，復三代之法

　　鄭觀應對中國文化，是崇古抑今，對西方文化，是厚今薄古，而用「禮失而求諸野」的主張把兩者聯繫起來。他讚揚中國「自伏羲、神農、黃帝、堯、舜、禹、湯、文、武以來，列聖相傳之大道」[132]，認為三代之時已達到鼎盛。他歎息本原文化在三代以後逐漸衰落：「我中國文明開寰宇之先，唐、虞之時已臻盛治。迄乎三代，文化尤隆；設學校以教士，授井田以養民。其時庶物咸熙，人懷帝德，猗歟盛哉！……降及春秋，群雄競伯，人各自私，生民塗炭，教養之道蕩然無餘……暴秦崛興，焚書坑儒，務愚黔首。……此三代以下，人才不世出，民生所以日促也。悲乎！」[133]同時，他卻發現，中國在三代以後逐漸丟失的文化在西方得到保存、創新和發展：「試觀英、德、法、美諸邦崛起近世，深得三代之遺風。」[134]「不知我所固有者，西人特踵而行之，運以精心，持以定力，造詣精深，淵乎莫測。」[135]怎麼辦呢？唯一的辦法就是「禮失而求諸野」。這個「西學中源論」、「禮失求諸野論」雖然在學術上講得十分籠統粗疏，但對於說明中西兩種文明興衰的過程和這兩種文化之間自古以來就互相交流的歷史，大體上是正確的。更為重要的是，它有利於擺脫頑固派「用夷變夏」的指責和破除時人的心理障礙，理直氣壯地接受西方先進文化。

　　在如何「仿泰西」的問題上，鄭觀應提出了「西學自有體用論」。這是打破了洋務運動三十年來的局限，加上自己對西學認識的深化而達到的新知。洋務派為了駁斥頑固派指責他們學西方是「失體

---

132 夏東元編：《鄭觀應集》上冊（上海市：上海人民出版社，1982年），頁242。

133 同上書，頁479。

134 同上書，頁480。

135 同上書，頁275。

孰甚」的觀點，提出「中學為體，西學為用」，表示並沒有「失體」，但同時也制約了洋務運動的健康發展。雖大講富國強兵，但捨其本逐其末，有其名而無其實，國勢未能張，外侮未能御。「西學自有體用論」最早是在一八八四年提出的，鄭觀應在《南遊日記》中寫道：「余平日曆查西人立國之本，體用兼備。育才於書院，論政於議院，君民一體，上下同心，此其體；練兵、製器械、鐵路、電線等事，此其用。中國遺其體效其用，所以事多扞格，難臻富強。」[136]他不僅主張學習西方的科學技藝，同時明確提出要學習西方的民主議政制度。他在一八九二年寫的〈盛世危言自序〉中再重申：「（泰西）其治亂之源，富強之本，不盡在船堅炮利，而在議院上下同心，教養得法。……西人立國具有本末，雖禮樂教化遠遜中華，然其馴致富強亦具有體用。」[137]

　　「中體西用」思想原則在洋務運動中獲得改革人士的普遍認同，但對於哪些是中國固有而應該保留的，哪些是西方先進而應該學習的，不同的人則有不同的看法。比較保守的人認為：「中國之雜藝不逮泰西，而道德、學問、制度、文章，則然出於萬國之上，莫能及也。」[138]即認為中國的倫理道德、經史文章、專制制度都是中國立國之「體」和「本」，比西方要高明得多，不應該變動。而鄭觀應卻認為西方的民主制度也應該學，並說西方的議院制頗與中國三代之法度相符，學習它是把中國原有的東西還之中國而已。這樣，就像暗渡陳倉，把西方的民主制塞進了中國的立國之「本」中。顯然，鄭觀應的「仿泰西，復三代之法」重點在於引進西方文化，因為西法是具體而

---

136 同上書，頁967。

137 同上書，頁235。

138 邵作舟：《邵氏危言》，收錄於《中國近代史資料叢刊・戊戌變法》第一冊（上海市：神州國光社，1953年），頁183。

詳實可行的，三代之法是遙遠而含糊的。鄭觀應對中西文化關係的處理，實質便是如此。

　　為什麼鄭觀應能達到這樣的認識呢？這與他的社會實踐有密切的聯繫。是改革社會的實踐使他的認識達到了一個新的高度。鄭觀應一生有五十多年從事近代工商業的經營，既有在外國企業工作的經歷，也有在中國洋務企業的工作經歷，兩種企業制度的對比，使他洞察中國官僚制度的腐敗，而對中國官僚制度的批判則深化了他對中國文化在道德層面的弊端的認識。他認為中國積弱與皇帝、官僚們的道德行為大有關係。他說：「國之強弱繫於君相，英明者必顧公益，舉直錯枉，興利除弊，國小亦強；昏庸者只圖私利，舉枉錯直，賞罰不公，國大亦弱。」[139]「中國官民分隔雲泥，即親民之官，於兵、刑、錢、谷之外無暇訪求民間疾苦。且為官者，每存五日京兆之心，日事營求，只問缺之肥瘠，差之優劣，所以挾鑽營之術者，干祿之意重，則愛民之念輕。雖有官箴、座銘，作暮鼓晨鐘，亦無以使之廉隅自守。」[140]他對中國專制獨裁政治的批判不遺餘力，把政治不良的根源歸結為當道者的私心：「惟從來富強之國能久存者，君上有公天下之心，知國家非一人之私產，開載布公，立憲法，講道德，以商戰為本，以兵戰為末。若舍本而求末，入不敷出，徒知聚斂，不復開源，轉令民不聊生，盛亦難恃。」[141]「我國積弱數千年之原，由於懷私，懷私由於政行專制，只知利己，不知愛國。不知愛國，則不能合群，人心渙散。」[142]在〈盛世危言後編‧自序〉中鄭觀應指出，中國的官僚制度和道德滑坡成了中國改革的瓶頸：「我國地非不廣，物非不

---

139 夏東元編：《鄭觀應集》下冊（上海市：上海人民出版社，1988年），頁11。

140 同上書，頁294。

141 同上書，頁13。

142 同上書，頁303。

博，人非不眾。惟上下相蒙、失其教養，以致富而反貧，強而反
弱。」[143]「道德與富強等量，富強亦與道德齊觀。」[144]鄭觀應認為，
要改變中國的政治不良和道德敗壞，首先應從本民族的文化傳統中尋
求精神啟示，然後從西方文化中尋找可行之策，中西文化互補並用。
在該書卷一，他首言「道術」，主張繼承中國傳統中的「正心修身，
窮理盡性」，提高人的道德修養；該書卷二至卷十五，「言治道」，其
中提到要以西方的君主立憲制度來制約當道者們不斷膨脹的謀私行為
和改良君、臣、民的關係。他說：「……今欲反弱為強，須無利己之
心方知愛國，既知愛國，必變專制。欲變專制，須開國會，設內閣，
一以統合庶績，一以固民志，所謂『君之視臣如手足，則臣視君如腹
心；君之視臣如犬馬，則臣視君如寇讎』。若臣民未有權利，安肯擔
任義務？」[145]他是中國近代第一個明確提出仿行西方議會政治的人，
並認為此法可以改變中國政治的腐敗。除了批判吏治外，鄭觀應還批
評了中國的頹風敗俗，如禮節的上尊下卑之深嚴、女子裹足的慘無人
道、綱常名教的慘禍烈毒、八股取士的虛偽無實等。他在民國三年
（一九一四年）寫遺囑教誨其家人時，除了使用中國傳統道德準則
外，還加進了「西哲」和「西例」。他說：「凡子孫讀書畢業後及二十
一歲後不願入專門學堂讀書者，應令自謀生路，父母不再資助，循西
例也。」[146]「西哲查爾那比曰：『困難愈甚，當愈勞苦，危險愈甚，
當愈奮前。此後無困難危險矣。』帖木耳蘭曰：『人能忍耐勤劬，可
以勝災殃。後生小子而欲求自立於世界者，豈可怠惰安逸乎？』」[147]

---

143 夏東元編：《鄭觀應集》下冊（上海市：上海人民出版社，1988年），頁10。
144 同上書，頁14。
145 同上書，頁303。
146 同上書，頁1487。
147 同上書，頁1496。

可見在鄭觀應的晚年，他更進一步認為中國和西方在倫理道德上也有不少的共同性，不但對中外盛衰治亂之道，且對中外賢哲的道德教誨同時兼收並蓄，提倡「折衷中外教育」[148]。他從中國的現實需要出發，開始破除「變器不變道」的藩籬，在中西文化的選擇上，不再設置絕對的界線。而向西方學習的內容，隨著時間的推移越來越多，越來越廣。雖然在「道」方面，鄭觀應始終認為中國的堯、舜、禹、湯、文、武、孔孟之道是不能丟的，但與中國文化具有一致性和共通性的西方政治、教育、道德等內容也可以學，這就比同時代人的認識高出一個臺階，即認為西方文化不僅在「器」方面高於中國，在「道」方面也有優秀之處。可以說，鄭觀應對西方文化持全方位、多層次的開放吸取的積極態度，是近代中國最重要的西學東漸的先驅人物之一。

　　綜觀鄭觀應的一生，他對中西兩種文化的態度，總的傾向是中西融合而不是中西衝突和對抗。他認為西方文化「由外而歸中」，與中國文化相融合可生成一種「本末具、虛實備、理與數合、物與理融」的新文化。[149]他一方面對中國傳統文化進行深刻反思；另一方面對西方文化大力推廣和探求，使「中西利病情形」了然於胸，然後斟酌損益，形成了「仿泰西，復三代之法」的建設新型文化格局的主張，並認為這是適應時代要求的文化取向。他在〈《盛世危言》增訂新編凡例〉裏說：「今昔殊形，遠近異轍，海禁大開，梯航畢集，乃數千年未有之變局。我君相同德，上下一心，亟宜善承其變而通之：仿泰西，復三代之法。廣開民智，以禦外侮。」[150]「仿泰西，復三代之法」說到底就是把體用兼備的西方文化作為合於三代之法的東西全面

148 同上書，頁243。
149 夏東元編：《鄭觀應集》下冊（上海市：上海人民出版社，1982年），頁243。
150 夏東元編：《鄭觀應集》上冊（上海市：上海人民出版社，1982年），頁237。

學習，說明鄭觀應已經超越了「中學為體、西學為用」的中西文化結合模式，他的文化思想走在時代的前列。

鄭觀應立足於復興中國文化，因而對中西文化價值判斷和中西文化交流融合的主張，既具有維護中國文化民族性的立場，也推動了中國文化走向世界、走向現代化的進程。他的思想大大開啟了後人的智慧，對梁啟超、孫中山都產生過很大的影響。

四　香山文化精神的產兒

有學者說，文化是人化，文化是人類生活方式的總和，是人類的物質產品和精神產品。而文化的精神又是什麼呢？在我看來，可能就是指某種文化在精神層面上的特質。我們把具體的文化表現加以分析、歸納和概括之後，其中最具特色、最有價值的本質內核便被提煉和抽繹出來，成為這種文化的精華。香山文化的精神和氣質值得我們好好去總結，而這個工作又離不開對具體承載文化的傑出人物的研究，因為他們是香山文化精神的優秀代表。下面通過考察香山先賢鄭觀應的思想品格，試圖對香山文化精神的某些方面提出一些個人的意見。

（一）敦品勵節

敦品勵節是香山鄉土文化教育的重點，也是深厚的家族傳統。

位於珠江三角洲的香山農村，人們喜聚族而居，宗族勢力強大，宗祠、家祠遍佈村中。族長、家長、紳耆們成為宗族發展的推動者、地方秩序的維護者、族人思想行為的導師和權威。在族規鄉約的嚴厲管束之下，村民老幼少長均循規蹈矩，不敢稍越倫次。在清季，廣東農村的宗族力量是相當強大的。一位長期居住廣東而自稱洞見粵人本

質的外省人感歎：「粵省雖素稱強悍之邦，而其民心猶重義禮。」證諸鄭觀應的家族，此言不虛。

鄭觀應的曾祖父鄭璧莊在家族中很受稱道，說他「性耿直」、「膽識兼優」。這緣於一次宗族爭地鬥爭。曾祖的時代，鄭家還比較貧弱，被人欺負是常有的事。一天，族人發現祖宗墳地被富家豪族侵佔，非常氣憤。但人家財雄勢大，鄭家如何鬥得過？正百思不得其計，鄭璧莊挺身而出，跑到縣城衙門遞了狀子，訴訟經年，終於得直，墳地重歸鄭家所有，而璧莊的勇氣和才智大受族人誇獎。鄭觀應的祖父鄭鳴岐，「儉樸寡言，敦品勵節」，是個老實厚道的人，亦受到鄉人尊重。

鄭觀應的父親鄭文瑞是個教書先生——塾師。鄭觀應說他「讀書過目成誦」，「藏書頗富」，「設帳授徒，從遊者多享盛名，各有建樹」。他的品格更值得稱頌：「一言一行，動為世法。性孝友，重然諾，慷慨好義，有古傑士風。」[151]

鄭文瑞的思想品德確實值得注意，因為他對鄭觀應影響甚大。鄭文瑞從小聰慧，讀書又極勤苦，但卻未能考取功名。遵循鄭家傳統。讀書不成，便當做工，所以他為了養家糊口，只得出外跑碼頭，做做小生意。但是，他卻沒有因此而放棄讀書學習。他的想法富有儒家士紳對鄉村社會的責任感，他認為，讀書不是為了富貴榮耀和做官，人也不可能把所有聖賢經傳都讀完，但有用的書斷不可不讀。他認定勸善懲惡之書有關世道人心，是有大用的。他對先賢教誨和嘉言懿行特別感興趣，一邊讀書一邊抄錄了大量格言和故事，然後把它們編輯成書，名之為《訓俗良規》和《勸誡錄》，自費印刷，廣為派送，並熱

---

151 鄭觀應：〈先考榮祿大夫秀峰府君行狀〉，夏東元編：《鄭觀應集》下冊（上海市：上海人民出版社，1988年），頁1222。

心為人講解。他非常熱衷於這種事情，以致對經商興味索然。他在外跑了幾年碼頭，有了一點積蓄後，便回歸故里，做起了設帳授徒的教師工作。

鄭文瑞作為鄉村中的紳士，不但非常熱衷於「睦姻任恤」的公益事業，為家鄉籌置義田、興立善堂、修建宗祠、書院、道路和橋樑等，而且對國家大事也非常關心。在澳門下環龍頭左巷的鄭家大屋裏懸掛著一塊橫匾，上面寫著「崇德厚施」四個金漆大字，上款是誥封榮祿大夫鄭文瑞，落款是太子少保兵部侍郎山西巡撫一等威毅伯曾國荃。這曾國荃是湘軍首領曾國藩胞弟，與鄭文瑞素不相識，為何紆尊降貴千里迢迢送來一塊匾？確實令人費解。

原來，這曾國荃因攻陷太平天國首都天京有功受封，一八七七年，任官山西巡撫。正遇上北方奇旱，赤地千里，餓殍遍野。光緒皇帝冒著酷暑一再祈雨，但無濟於事；命李鴻章借撥海防經費也只得十四萬兩銀子，杯水車薪。眼看災民連樹皮、草根全吃光，只得「研石為粉，和土為丸」，塞入腹中。曾國荃在奏摺中稱：「多掘觀音白泥以充饑者，苟延一息之殘喘，不數日間，泥性發脹，腹破腸摧，同歸於盡」。災民無以為食，以「觀音土」作食物，以致泥土在腹中發脹，撐破肚腸，情形慘不忍睹。更為甚者，「人死或食其肉，又有貨之者」，「父子相食，母女相食」，人間慘劇，莫此為甚。統計，山西一省之內，每日餓斃千人以上。

鄭文瑞聽到這個消息，憂心如焚。不但自己捐錢捐物，還發動親戚和分散各地謀生的兒子們勸賑倡捐。當時鄭觀應在上海，聽到父親召喚，積極回應，籌辦義賑公所多處，奔走呼號，不遺餘力，還把亡母遺留的存銀一千兩也全數捐出。所以，光是鄭家一門就募得數十萬兩銀子，救人不少。賑災款送往山西，幫助曾國荃渡過了難關。曾國荃十分感激，所以後來鄭家大屋在澳門落成時，便派人送來了這塊

匾。鄭家的捐賑義舉經李鴻章等朝臣上奏朝廷，聖上大悅，下令褒獎，御賜「樂善好施」四字，又命把事蹟載入縣志和省志，使鄭家「一門義行」，聲名遠播。

從鄭觀應的祖先三代可知，給予鄭觀應以良好影響的家族傳統起碼有以下幾個方面：一是方剛正直，不畏強暴，頗有粵地強悍之風。二是講求實際，亦紳亦商，讀書、經商兩不廢。三是敦品勵節，以儒、道兩家倫理道德為準繩。四是樂善好施，關注民生，自覺承擔社會責任。

這雖然是鄭觀應家族的傳統，但在香山縣具有普遍意義，是當時香山士紳家庭崇尚的教養之道和社會習尚。

鄭觀應從五歲入塾讀書到十七歲結束學業走上謀生之路，他少年時代的教育主要來自鄉塾和庭訓，也即中國傳統文化教育。這種教育特別講求道德修養，對鄭觀應的人格形成具有決定性意義。鄭父教規極嚴，尤重儒家倫理道德教育，他本人則身體力行。這套教規的中心是「忠孝仁義」，即要對君主盡忠，對長輩盡孝，對人要寬容有禮，對朋友要講信用，做人要勤勞儉樸，不義之財決不貪取，不能沾染不良嗜好，等等。鄭觀應的接受能力很強，領會很快。他對父親編寫的道德教本《訓俗良規》等書特別感興趣，不但記得很牢，而且運用起來得心應手。他也像父親一樣經常把道德格言掛在嘴邊，「民為邦本，本固邦寧」、「己所不欲，勿施於人」、「聞道之士，先貴積德」、「積善之家，必有餘慶；積不善之家，必有餘殃」、「一粥一飯，當思來處不易；半絲半縷，恒念物力維艱」等等諺語格言，朗朗上口，對人說話，則隨口而出，貼切妥當。這些人生格言不僅指導他如何做人處事，而且也是他日後勸人向善的理論依據。家庭教育和鄉塾教育給鄭觀應以中國傳統文化基礎和倫理道德操守，同時也帶給他守分安命、恪守忠孝節義等時代局限。日後，鄭觀應成為上海著名的賑濟慈

善事業的主持人和正直廉潔的企業高層管理人員。

（二）憂國憂民

鄭觀應生活的時代，是中國歷史上內憂外患最為深重的時期之一：西方列強對中國的侵略日益加劇，清朝統治日益腐朽，人民苦難日益慘烈。中國面臨亡國滅種的危機，所有的愛國人士都在思索著用什麼辦法來救國保種。鄭觀應出身平民，而國家興亡之責任須臾未忘。他在艱難謀生的同時，也深切地關注著國家的命運，積極探索中國的救亡和富強之道。

鴉片戰爭前後，正值西方列強在其領地上大搞開發的時期：西班牙佔領的古巴正在開展甘蔗種植業和製糖業；荷蘭控制的爪哇群島正在大力開發錫礦和種植橡膠、胡椒、咖啡等經濟作物；英屬圭亞那以及新加坡為中心的海峽殖民地種植、開礦和海運等行業也在擴展；秘魯則決定開採鳥糞資源；而美國正要開發西部、修築鐵路。當這些工作需要大量勞動力的時候，恰逢原來提供勞動主力的黑奴制度被禁止，勞動力來源成了大問題。為解決這個問題，西方國家便把眼球轉向中國，前來招誘「苦力」──華工。

澳門的豬仔貿易，在十九世紀六〇年代發展迅速，與其它幾個南方口岸相比，不僅在規模、數量上名列首位，而且手段之卑劣，令人髮指。盤踞澳門的葡萄牙人，以招工為名，開設大量「招工館」，包庇、縱容販賣人口的罪惡活動。當地匪徒有此便利之處，更無忌憚，廣東的拐匪竟然發展到數萬人之多，以澳門為巢穴，拐騙手法狠毒，詭計百出，聞所未聞。他們深入墟鎮、鄉村，視不同的對象施以不同的拐騙、擄掠手段。對於有不良嗜好者，投其所好，誘以娼賭，一旦上鉤，便被綁架而去。對於良民，則當街擄掠。一到黑夜，拐匪便四出遊蕩，潛伏於街頭巷尾。

　　耳聞目睹同胞受苦受難，鄭觀應的心情無法平靜，他不能袖手旁觀，不能沉默，他要向世人揭露澳門華工貿易的黑幕，要譴責食利者的貪酷不仁，要呼籲中外政府共同起來制止罪惡，拯救人民於水火。棄學從商的鄭觀應又拿起了筆桿，把自己要說的話寫下來，送到報紙發表，文筆犀利而流暢：

　　　　「余世居澳門，素知底蘊，非獨窩娼聚賭，年投規銀數十萬，
　　　　而又有販人出洋之舉。其中被拐見誘者，十居其九。父失其
　　　　子，妻喪其夫，長離桑梓，永溺風波，有死別之悲，無生還之
　　　　望，言之傷心，聞之酸鼻。此無殊設陷阱於境中也。溯自建立
　　　　招工館以來，為其所陷害者不可勝計，中國之人，無不髮指涕
　　　　零者。」[152]

　　這是發自心底的沉痛之聲。

　　　　「被騙出洋而死於難者，每年以千百計。有半途病死者，有自
　　　　經求死者，有焚鑿船隻者。要之，皆同歸於盡。即使到岸，充
　　　　極勞極苦之工，飲食不足，鞭撻有餘；或被無辜殺戮，無人保
　　　　護，賤同螻蟻，命若草菅。噫！華民無辜，飄零數萬里，而受
　　　　如此之刻酷乎！」[153]

　　這是深切的悲憫之情。

---

152 夏東元編：《鄭觀應集》上冊（上海市：上海人民出版社，1982年），頁8。
153 夏東元編：《鄭觀應集》上冊（上海市：上海人民出版社，1982年），頁6。

> 「邇來大西洋人（指葡萄牙人）鵲巢鳩居，劃疆分治，復創陋
> 規，設豬仔館，大開賭場。其招工之館則何止百有餘間也。其
> 番攤之館則已有二百餘號矣。以致盜賊之風日熾，豬仔之流害
> 彌深。」[154]

這是對盤踞澳門的葡萄牙當局把澳門變成罪惡深淵的嚴厲譴責。

> 「為民上者，竟置若罔聞。本地紳衿，各顧身家，恐遭其害，
> 又未敢大聲疾呼，以訟言於葡萄牙之領事，請其捨此利息，以
> 造蒼生之福。」[155]

這是對那些不肯挺身而出為民請命的有社會地位的士紳們表示強烈的不滿。

鄭觀應寫下了〈澳門豬仔論〉、〈續澳門豬仔論〉、〈求救豬仔論〉、〈論禁止販人為奴〉、〈救豬仔巧報〉、〈記豬仔逃回訴苦略〉等多篇文章，除了揭露豬仔貿易的罪惡之外，更重要的是提出禁絕豬仔貿易的辦法。他提出的解決辦法主要有三：第一是先絕其源。首先要與澳葡當局「理論」，「以義理折之」，責成他們設法禁止人口買賣。第二是清政府要設官治理華工出洋之事，保護人民。即「設澳門關監督專治之」。第三是對那些敢於繼續作案的人「按照律法以拐騙之罪，船即充公，人即正法」。

在當年反對豬仔貿易的各種言論中，鄭觀應的言論頗受注意。上海《申報》評論說：「昨讀貴館《申報》登香山鄭君〈澳門豬仔論〉

---

154 同上書，頁17。
155 同上書，頁10。

一篇,可謂有心世道,洞悉時弊,其所論為不誣矣。」「四海之大,九州之遠,知有豬仔之人少,而不知有豬仔之人多,即官粵土者甫經下車亦未知豬仔之情形,如此,其急而不可待緩也。」

在鄭觀應提出的解決辦法中,最具新見和遠見的是遵循國際法與西洋人論理、交涉一條。剛剛成為洋人手下敗將的清朝官員不敢再得罪洋人,把打擊豬仔貿易的重點放在中國拐匪身上,所以人們看到當時官方有大量嚴懲拐匪的文告和奏摺,但卻沒有看到他們對豬仔貿易的元兇——西方列強的譴責和鬥爭。鄭觀應與他們不同,他站在保衛桑梓同胞、維護社會正義和人道的立場,理直氣壯地反對澳葡當局的弊政。他非常明確地指出,澳門乃中國之疆土,葡萄牙人佔據澳門是「鵲巢鳩居」,作為中國人決不可以讓他們在自己的國土上為所欲為。

當時鄭觀應身為買辦,受雇於洋人,但他並未因此而喪失民族氣節,反而因知世界大勢、各國關係、國際公法,對國家民族權益更加關心,更能提出中肯的解決辦法。他為清政府獻策:「蓋萬國律法,未有不衷乎義、循乎理者,以義理折之,亦當無詞以對,則其禁止亦不難也。」[156]就是說要抓住西方國家標榜遵守法制的承諾,運用法律武器與他們鬥爭。

援引國際公法,迫使澳葡當局在豬仔貿易問題上做出合乎人道的改正,是鄭觀應在中國對外開放的新形勢下敏銳地發現的解決問題的途徑之一。當時的中國政府與人民對國際公法是非常生疏的,更不會用國際公法來保護自己的權益,鄭觀應的提議,體現了先知先覺者的睿智和對國人的啟蒙作用。

鄭觀應這些文章收入了《救時揭要》,他自述其寫作的動機時說:「庚申(一八六〇年)之變,目擊時艱,凡屬臣民,無不皆裂。

---

156 夏東元編:《鄭觀應集》上冊(上海市:上海人民出版社,1982年),頁13。

每於酒酣耳熱之下，聞可以安內攘外者，感觸於懷，隨筆札記。」[157]

《救時揭要》共三萬字，收入他寫的政論文二十四篇，顧名思義，書的內容是揭示挽救時局的要點，表達了他對列強侵略中國的憤怒和不滿，以及匡時救世、普度眾生的悲憫情懷。他的文章更因切中時弊而備受世人稱許。

（三）勤勉進取

勤勉自勵，拼搏進取，是鄭觀應對待學習和工作的態度，他一生勤勞，手勤、口勤、腳勤、腦勤、筆勤，一刻也不願意停下來。他在多個重大洋務企業擔任要職，百務纏身，工作量大，但任勞任怨，盡職盡責，成效顯著；他隨時留心世事，讀書看報，廣收博採，利用業餘時間進行艱苦的著述，寫下了洋洋數十萬言的巨著；他孜孜不倦，一直工做到生命的最後一刻，那時他已經是八十歲的高齡。勤勉進取不光是鄭觀應個人的生活習性，也是大多數香山人共有的生活方式和優良傳統，成為當時香山社會良好的風尚。

鄭觀應由於家貧，十七歲時便不得不結束學業到上海投奔叔父，進入洋行「供奔走之勞」，做一名學徒。鄭觀應進入寶順洋行不久，就作為洋人的隨員之一，被派到中國北方新開的商埠天津瞭解商情。他坐帆船到了天津。時值隆冬，北方大雪漫天，鄭觀應是南方人，從未遇到過大雪，身上只有一件單薄的棉袍禦寒，但他努力工作，不以為苦。挨過了一個漫長的冬天，次年才回到上海。他的工作表現，使東家對他刮目相看。不久，他就獨當一面，老闆讓他管理絲樓，兼管輪船攬載事務。

鄭觀應有個突出的優點是吃苦耐勞，勤勉自勵，這種品格在他青

---

157 同上書，頁173。

年時代就養成了。為了充實自己，他一刻也不願閒下來。工作之餘，他與另一個好學的廣東青年梁綸卿一同到英國博士傅蘭雅所辦的英華書院讀夜校，以白天微薄的收入支付學費。讀了兩年，他基本上掌握了英語，這對他日後的發展好處無窮。一八六〇年，鄭觀應正式當上了買辦。

在寶順幹活，東家要求很嚴，雖然鄭觀應有親朋的庇蔭得以進入寶順，但能否站住腳跟不被競爭所淘汰，最終還是靠自己。鄭觀應年老時對其子女訓誡說：「人之一生，猶一歲之四時乎。春風和煦，草木萌動，一童年之活潑也；夏雨時行，草木暢茂，一壯年之發達也；經秋成實，歷冬而凋，則由壯而老，由老而衰矣。然冬盡春來，迴圈不已，而人之年華則一去不返。老者不可復壯，壯者不可復少。語曰『時乎，時乎，不再來』。凡我少年其識之。」[158]

這是經驗之談，從小就懂得珍惜光陰的鄭觀應在寶順學到不少終身受用的知識和本領。寶順內部的能人很多，個個都很努力，成功的例子也不少，他們都是他業務上極好的老師。寶順外部競爭激烈，商場變幻多端，優勝劣敗，寶順前期興盛後期衰敗，它的興衰是鄭觀應認識資本主義經濟規律的生動實例。鄭觀應說，他「初則學商戰於外人，繼則與外人商戰」，寶順十年是他學習商戰的重要階段。

鄭觀應是近代中國企業的奇才。洋務大員盛宣懷認為鄭觀應「商情熟習」，不愧為商戰高手，很多重大事業都倚重他。鄭觀應三次進入上海輪船招商局，使其扭轉危局，起死回生，有人傳說他有「秘術」。鄭觀應解釋說：「並無秘術，不過誠意相孚、實事求是耳。固無奇才異能，何敢貪天之功為己有？」撇開鄭觀應的自謙之詞，我們可以看到他確是有奇才異能的，這種出色的才能不僅由於他對商務熟

158　夏東元編：《鄭觀應集》下冊（上海市：上海人民出版社，1988年），頁1200。

悉，還源於他對外情的瞭解。正如他經常批評清朝大員們「其病由於不悉外情，致為他人所脅制」。不諳外情是清廷外交失敗的一大原因。要不為外人所脅制，必須熟悉外情。為了進一步推動招商局的業務發展，鄭觀應經常走出去，巡視各埠商務情形，進行實地調查。一八九三年三月三十日，他攜招商總局文案吳廣霈從上海出發，沿長江西行。他們途經鎮江、蕪湖、九江、漢口、宜昌、萬縣，於五月六日到達重慶。五月十六日東歸，六月十日回到上海，合寫了《長江日記》及一批調查報告，為招商局日後制定發展戰略提供了重要依據。如果說鄭觀應有什麼「秘術」的話，這種深入實際調查研究的工作作風也是鄭觀應成功的「秘術」之一。鄭觀應在招商局腳踏實地，辛勤勞作，廉潔自律，使招商局煥發生機、健康發展，成為招商局歷史上的大功臣。

鄭觀應一邊從事商業活動，一邊手不釋卷地讀書思考寫作，關注社會和民生。他志向遠大而心思細密，為了集思廣益，他廣收博採，隨時把自己所聽到、看到、讀到、想到的各種議論一一記錄下來，加以綜合整理，消化吸收。一旦恍然有得，便寫成文章，或寄給朋友，或登於報刊，提供世人參考和選擇。他像蜜蜂採蜜一樣精心製作他的文章，而且隨著見聞的加深和增廣而一改再改，不斷完善。一八七三年，鄭觀應出版了他的第一部著作《救時揭要》；一八八〇年，又出版了第二部著作《易言》，這是他著述活動的開端。這些文字表達了他強烈的憂國憂民情懷，也道出了他對中國問題的深切關注與思考。由於勤學多思，他在晚清西學東漸的大環境中觀察中國和世界，提出了中國應該學習西方、變法圖強的主張，成為晚清維新變法思想的前驅。

（四）務實創新

鄭觀應的務實作風和創新思維，集中表現在他花費了一生心血撰

寫的著作《盛世危言》之中。

　　《盛世危言》是晚清一部震撼朝野的巨著，這部著作的思想核心是富強救國，涉及的社會改革非常廣泛，包羅豐富。政治上，要求變君主專制制度為君民共主的君主立憲制度，改善吏治；經濟上，主張集資興辦新式工商業，增強市場競爭力；軍事上，講求訓練兵將，培養現代軍事人才；外交上，呼籲修約談判，捍衛國家主權；教育上，強調普及教育，提高國民素質；財政上，主張開源節流。其它關於改造頹風陋俗、興辦社會慈善和賑濟、提倡婦女教育等等主張，思想解放，觀念創新，開一代風氣。這是最早對洋務派「中體西用」的文化結合模式進行批判的言論，為改革中國君主專制制度、實行君主立憲政治體制，吹響了號角。《盛世危言》出版後，在社會上引起強烈反響。其所展示的廣博的西方知識，深刻而敏銳的見解，全面而系統的改革主張，實事求是的精神，直言無隱的勇氣，使當時人讀後無不為之感動。

　　《盛世危言》出版不過幾個月，就被江蘇藩司鄧華熙看中，將其抄錄呈薦光緒皇帝。鄧在奏摺中說：洋務肇興以來，仿傚振作，但卻前敗於法，近敗於日，天下臣民痛心疾首，不勝太息憤懣！他認為造成這種狀況，非一時一事之貽害，而是大有原因的。他推許鄭觀應的書「於中西利弊透闢無遺，皆可施諸實事……查該員遊歷諸邦，留意考究，其堅心刻苦，誠為可用之才」[159]。

　　光緒帝讀後，也認為頗有可採。遂命總理衙門印刷兩千部，發給大臣們閱看。皇帝的讚賞使該書身價大增，京城大員們都爭相閱覽，思想上受到震動。鄭觀應自己排印的五百部，也很快求索一空。「都

---

159 鄭觀應：〈頭品頂戴江蘇布政司布政使臣鄧華熙跪奏〉，收錄於夏東元編：《鄭觀應集》下冊（上海市：上海人民出版社，1988年），頁226。

中各處求者」，仍「絡繹不絕」。《盛世危言》中所談論的問題，一時成為人們議論的中心。

封疆大吏、洋務大員張之洞也推許該書是當時談時務書籍中的上乘之作。他說：「論時務之書雖多。究不及此書之統籌全域，擇精語詳，可以坐而言即以起而行也。」他稱讚該書「上而以此輔世，可為良藥之方；下而以此儲才，可作金針之度」[160]。以張之洞的見識、能力，對該書予以如此非同一般的評價，極為不易。說明該書不愧為一部高水準的理論與實踐相結合的著作，對中國的富強具有指引作用。

一八九七年，一份外國人辦的報紙報導說，《盛世危言》所載中外各事，中華人近以該書作指南針，邇來場中考試常出該書所序時務為題目。選拔人才的考試也從該書中出題，可見該書當時在世人心中的地位之重和普及之廣了。接著而來的戊戌維新運動，康有為等維新派所提改革建議，顯然受到此書極大的啟發。毋庸置疑，鄭觀應是維新運動的思想先導。

受到香山文化哺育成長的鄭觀應，也為香山文化增添了光彩。

梁慶桂與晚清廣東維新運動

梁慶桂（1856-1931）[161]，號小山（亦書作筱山、筱珊），廣東番

---

160 夏東元編：《鄭觀應文選》（澳門：澳門歷史學會、澳門歷史文物關注協會，2002年），頁1。

161 據梁嘉彬考，梁慶桂生前無自傳，歿後有哀啟行狀亦已逸。有關其生年的記載有兩處：一為梁慶桂撰《誥授光祿大夫頭品頂戴護理兩江總督江寧布政使梁府君（肇煌）行狀》內附語，記為清咸豐八年（1858年）。一為1971年二月臺北文粹閣影印清代廣東歷科鄉試錄光緒二年（1876年）丙子科文鄉試題名錄，是科正主考王之翰、副主考郁崑，正榜共取89人，慶桂名列第20，係填報21歲，官生。如填報歲數屬實，則慶桂應生於咸豐六年（1856年）。又《番禺黃埔梁氏家譜》，亦記錄咸豐六年（1856年）九月十日生。

禺黃埔村人。他是康有為的好友，參與公車上書，列名保國會，雖未被視為「康黨」而遭緝捕，但確實是個維新派。戊戌政變後，他繼續積極參與新政改革，推進中國的獨立富強運動。作為改革派的後起之秀，他更穩健和講究策略，往往在關鍵時刻挺身而出，站在鬥爭的前列。他在清末爭回粵漢鐵路自辦權、宣導廣東地方自治、掀起立憲運動、改革教育制度、創興華僑教育等方面起著推動、領頭和指導的作用，並取得不少的成功。在他身上，可以看到廣東維新派在戊戌後的動向。二十世紀初期廣東改革運動風起雲湧，形成廣泛的社會參與熱潮，與他們的努力不無關係。

一　積極參與戊戌維新

梁慶桂的家鄉廣東番禺黃埔村是清代著名黃埔港所在地。在廣州一口通商期間，黃埔是廣州的外港，所有到廣州做生意的外洋海輪均於此處下錨，辦完報關交費、查驗貨物、投行擔保等手續後，便可把貨物換到駁艇上運往廣州出售。一七四九至一八三八年間，進入廣州的外國商船來自二十多個國家，共有五千多艘，其中大部分從黃埔口岸進入廣州。隨著外貿的繁榮，黃埔港名聞海外。

由於黃埔錨地與廣州城西十三行倉庫之間有駁船來往穿梭承接裝卸貨物業務，清政府在黃埔村中設有稅館、夷務所、買辦館和永靖營等機構，擔負著廣州對外貿易的許多職能，所以全村人幾乎都參與對外貿易活動。梁慶桂的曾祖父梁經國從當洋行夥計做起，進入商界，最後發跡成為十三行的行商。

梁慶桂的祖父梁同新（原名綸機）是梁經國的第七子，走的是讀書入仕之路。父親梁肇煌亦仕途通達。梁慶桂於光緒二年鄉試中舉。後任官內閣中書。二十九歲時，父喪，居鄉里潛心文史，與同邑梁鼎

芬、南海康有為等時相往來，為蘭契交。在梁慶桂後人所輯的梁慶桂
遺稿《式洪室詩文》中，可看到梁慶桂與康有為的書信文字往來，其
中所表達的友情是十分真摯親密的。[162]據康氏近親所述，康有為常自
南海縣到廣州梁慶桂家借書閱讀，又或在梁家住下讀書。而且康有為
入京考試的費用也常由梁家供應。據《康南海自編年譜》記：「光緒
二十年，……二月十二日，與卓如（梁啟超）同入京會試，寓盛祭酒
伯熙邸。……既而移居三條胡同金頂廟，與梁小山同寓」；「光緒二十
一年，……二月十二日偕卓如、梁小山入京」。[163]

　　一八九四年，中日戰爭爆發，中國慘敗。翌年，中日議和，民族
危機進一步加深。梁慶桂偕康有為連袂上京應試，參與公車上書之
事，入強學會，請求朝廷拒和、遷都、練兵、變法。由於頑固派的反
對，強學會被查封。一八九八年，瓜分慘禍迫在眉睫，康有為再倡保
國會於京師，梁慶桂積極參與，列名保國會，集謀保國之策，其愛國
之熱忱當為天下所共見。[164]一九〇〇年庚子事變，八國聯軍攻陷北
京，慈禧太后攜光緒皇帝倉皇出京。但落難之時，慈禧太后卻仍不忘
享樂。到達西安後，又下令各省把應解京城的錢糧轉輸西安，並把南
漕改道由漢水入紫荊關，溯龍駒寨運送西安。但這些供奉仍然不能滿
足皇室的花費，於是又在官吏中大搞報效，相繼有人「以入貲取九
卿」。梁慶桂和另外四位廣東士紳黎國廉、陳昭常、譚學衡和馬慶榮
長途跋涉，於一九〇一年四月到達西安，貢獻方物。由此，各得晉
升。梁慶桂從內閣中書升為侍讀。此後，梁慶桂返籍居鄉，但為國家
雪恥之事常記心頭。

---

162 梁慶桂：〈與康長素書〉，收錄於《式洪室詩文》，民國20年（1931年）鉛印。

163 康有為：《康南海自編年譜》，收錄於《中國近代史資料叢刊‧戊戌變法》第四冊
　　（上海市：神州國光社，1953年），頁128至129。

164 康有為：〈京城保國會題名記〉，收錄於《中國近代史資料叢刊‧戊戌變法》第四
　　冊（上海市：神州國光社，1953年），頁403至404。

二 成功領導粵漢鐵路收回自辦的鬥爭

進入二十世紀，西方強國漸次收斂了瓜分中國的叫囂，改倡所謂「保全主義」，扶植清廷實行「以華治華」之策。國際壟斷財團擴大對華資本輸出，在中國爭奪開礦權、築路權、設廠權，加強了對華經濟侵略。其中，從十九世紀末開始的爭奪中國鐵路修築權的鬥爭在二十世紀更為激烈。一九○○年，清廷與美國合興公司（American China Development Company）訂立了貸款美金四千萬元修築粵漢鐵路的合同，到一九○四年該公司竟不守信用，私下以鐵路股份的三分之二售與比利時公司。此事引起朝野關注。當時，梁慶桂之子梁廣照在京任官刑部主事，他認為，比利時已經承修蘆漢鐵路，粵漢鐵路若再交與比利時，恐怕中國南北兩大動脈皆為比利時背後的法國和俄國資本集團所攫奪，故力倡廢約。廣照上折彈劾督辦鐵路大臣盛宣懷。起初刑部堂官不允代奏，但此時報章雜誌已大肆宣傳，言論鼎沸，不得已乃　為之代奏。朝廷命商部和湖廣總督張之洞妥籌辦理。一九○四年十二月二十八日上諭軍機大臣等：「刑部代奏：主事梁廣照條陳粵漢鐵路一折，粵漢鐵路前經諭令張之洞妥議籌辦，茲據奏稱路權放失，亟應收回自辦，不可遷延貽誤等語，著商部、張之洞妥籌辦理，以挽路權，原折著鈔給閱看。」[165]翌年二月，因梁廣照再奏請著張之洞責成督辦鐵路大臣盛宣懷趕緊設法挽回粵漢鐵路路權。上諭又令張之洞力保路權，不得延宕貽誤。可見，粵漢鐵路廢約保路之事是由梁廣照一再上書引起國內君民注意，從而產生了巨大反響。[166]梁廣照的愛國思想和行動當亦受其父梁慶桂的影響。

165　《大清德宗景皇帝實錄》第八冊卷五百三十八，臺灣華文書局發行影印本，頁10。
166　梁嘉彬：《梁慶桂傳》，《廣東文獻季刊》第7卷第1期。

　　湖廣總督張之洞迭奉上諭，深知大局可慮，不敢怠慢，力促鐵路大臣盛宣懷、駐美大使梁誠與美國辦理廢約的交涉。另一方面，又鼓動湖南、湖北和廣東三省紳商與輿論給盛宣懷施加壓力。廣東紳商對此十分積極，成立了路權公所，刊印傳單，發佈公電，展開一系列收回路權的鬥爭。美國政府聞訊十分震恐，為了保住利權，主張由美國國家資本贖股。於是，美國方面派人來華遊說，倡言以美接美，廣東、兩湖因之民心騷動。梁慶桂等粵紳致電張之洞，一針見血地指出以美接美既不合公理又喪主權，表示堅決反對，得到張之洞的支持。為影響盛宣懷的決策，張之洞又把梁慶桂等人的電文發往盛宣懷。電文稱：「……現在中美交好，美國素敦信義，諒必不祖背約之商，致礙公理。倘堅持不廢，三省商民另築一路以圖抵制。粵民萬眾一心，有進無退，我公忠義，中外同欽，務望設法維持，三省託命，禱甚。」[167]粵漢鐵路廢約之事演變成一次頗具規模的群眾運動。當時正處於日俄戰爭期間，為避免與外國發生國家間關係的緊張，清政府決定把這次中外交涉化為商務行為。於是，三省官紳轉趨於從經濟上解決，積極籌備款項贖路，贖回後交由商辦。梁慶桂父子聯合廣東土紳集股作贖路準備，再由御史黃昌年以三省紳民公意為詞，奏請收回路權。由於以商對商，克服了不少外交上的困難，中國終於在一九○五年八月與合興公司簽訂合約，贖回了粵漢鐵路的利權。粵漢鐵路的收回，是美國對華投資首次受挫，也是近代中國人民贖路自辦的首次勝利，表現了中國人民要求國家自強、民族自立，反對列強欺凌的鬥志。其中，廣東紳商以及他們的代表梁慶桂等人在鬥爭中的表現是出色的。

　　鐵路收回自辦後，是商辦還是官辦的問題浮出了水面。廣東商紳

---

167 張之洞：《張文襄公全集》卷一百九十二（北京市：中國書店，1990年）。

力主採用商辦的方式修建，並擬訂「招股大綱」九條，其中關於辦路之權，明確規定「以實權全歸股東」。不料張之洞看到後，大為不滿，指責廣東紳商「欲置官於事外，而且緊要為難處，仍須役使驅策官長，太欠平允」[168]。他還授意兩廣總督岑春煊，一定要設法籌足官款，以保官之權。由於粵漢鐵路是三省共有，必須三省官民取得共識，但廣東紳商與兩湖的商人經濟實力不同、主張不同，在不可能取得一致意見的情況下，廣東紳商只能爭取粵漢鐵路的廣東段商辦。因此，在贖路合約簽訂之後，廣東紳商集會討論粵漢鐵路事宜，提出了三省合承分辦的主張，推舉梁慶桂、黎國廉為代表到武昌會同湖北、湖南的代表一起謁見張之洞。經過一番爭取，最後達成了三省各籌各款、分段築路的方案。但梁慶桂與黎國廉堅持廣東段商辦的意見，與岑春煊的官辦方針形成了尖銳的對立。

　　因梁誠、梁慶桂對粵漢鐵路權的收回有功，廣東商紳公推梁誠為鐵路總辦（梁誠的駐美大使職務應於一九〇七年任滿）、梁慶桂為副總辦。[169]但岑春煊不予理會。由於官商的分歧一直相持不下，廣東的籌款在贖路數月後仍毫無著落。一九〇五年年底，岑春煊提出了一份《粵漢鐵路籌款議》，擬向全省「加收炮臺經費、三成糧捐、沙田畝捐，並試辦基塘租捐，商漁船捐，鹽斤加價」[170]，用徵收苛捐雜稅的辦法來籌款，而且把人民的財產變為官款。另外，還打算借外債以抵制商辦。岑春煊的這一做法顯然損害了廣大人民特別是商人的利益，從而導致了官民矛盾的激化。一九〇六年一月十日，廣東紳商集中在

168　同上書，卷一百九十四。

169　參見《大清德宗景皇帝實錄》第八冊卷五百四十八（臺北市：華文書局，1970年影印本），頁5。

170　岑春煊：〈奏為就地籌款舉辦鐵路折〉，收錄於梁慶桂撰：《粵漢鐵路全案》，清光緒1873年抄本。

廣濟醫院開會。會上，梁慶桂和黎國廉等赴鄂代表向紳商報告了三省商定的籌款協議以及他們對岑春煊的籌款辦法的否定，與會人士大多數表示反對岑的籌款辦法和堅持商辦的方針。兩天後，廣州知府陳望曾等受岑春煊派遣，到廣濟醫院會同紳商討論籌款辦法，梁慶桂、黎國廉等代表紳商發言，言詞激烈，不但反對官府抽捐，還痛斥了官場腐敗。

廣東紳商不合作的態度激怒了岑春煊。當天晚上，岑春煊密令番禺知縣柴維桐拘捕梁慶桂、黎國廉。梁慶桂獲報急忙化裝避往香港，黎國廉則於深夜被捕。岑又上疏奏請褫去梁慶桂的侍讀、黎國廉的道員職銜，得到清廷諭旨認可。消息傳開後，引起極大風波。紳商一致譴責岑之卑劣行徑，廣州總商會立即召開緊急會議，號召全城大小商號，宣佈全體罷市，清廷一日不嚴懲岑春煊，商民則一日不復業。輿論呼籲「去岑安粵」。[171]旅港粵商亦致電張之洞，聲稱「黎紳一日不釋，即國民多一日之怨望」。[172]一九〇六年一月十五日，紳商在廣州明倫堂召開千人大會，在籍前閩浙總督許應駿也到會。會議擬將本案始末詳情電請北京同鄉京官代奏，撤革岑春煊，以平民氣。越秀書院山長吳道鎔起草疏文，當晚便派人赴香港拍發電報。唐紹儀與伍廷芳也聯名上奏，支持紳商，要求清廷派員到粵查辦。為了救出黎國廉，使岑春煊強加在紳商頭上的「破壞路政」罪名不能成立，廣東紳商決定迅速籌集股款，一九〇六年二月三日，由廣州九大善堂和七十二行商會組織開會，會上決定以股份公司的形式實行商辦，並擬定集股兩千萬元。會後認股活動在各地迅速展開。這時朝廷亦先後派出袁樹勳、張人駿和周馥赴粵查核，認為梁、黎等人全無抗捐情事，且粵民

---

171 見《大公報》1906年二月2日、15日。
172 張之洞：《張文襄公全集》卷一百九十五（北京市：中國書店，1990年）。

已認股兩千萬元，遂下旨要岑釋放黎國廉，岑不得已在一九○六年二月十四日將黎釋放，並同意了紳商集股商辦的要求。

一九○五年六月十一日，朝廷降旨開復梁、黎原有官銜，繼再降旨同意岑春煊懇請開缺的奏摺，後調岑為雲貴總督。廣東紳商爭取粵漢鐵路廣東段商辦的鬥爭取得了勝利。

爭回粵漢鐵路利權的鬥爭，開始是反對外國資本主義肆意攘奪中國利權，後來發展成為反對國內封建官僚剝奪人民利權，是新興的中國民族資產階級民族意識和階級意識的覺醒，也是他們登上政治舞臺進行反帝反封建鬥爭的開端，反映出中國民族資本擺脫封建束縛獨立發展的勢頭。在這場鬥爭中，廣東士紳與商人相結合，形成了有力的領導核心，為鬥爭的勝利提供了保證。紳商結合成為清末民初廣東地區改革運動經常呈現的鬥爭方式、特點和面貌。從梁慶桂身上，可以看到廣東士紳正在成為民族資產階級的代言人，梁慶桂由商而紳的家庭背景，也是廣東士紳與商人有天然聯繫的一個顯例。

三　大力推動教育改革和地方自治運動

庚子事變後，慈禧太后迫於內外壓力，不得不宣佈「變成法、行新政」。由於教育改革已刻不容緩，清廷於一九○五年九月下詔「立停科舉」。同年十二月，統轄全國學務的行政機構學部成立，陸續出臺了一系列教育法規。當時學部尚書為榮慶，左侍郎為嚴修，右侍郎為達壽。一九○六年張之洞被召入京兼管學大臣，與梁慶桂交情甚厚的浙江學政李家駒（號柳溪，甲午翰林）被擢為京師大學堂提調（即校長）、學部右丞。由於李家駒的大力舉薦，梁慶桂到京師任職，積極參與了教育法規的改革和制定，把滿腔的愛國熱情傾注到興學育才的事業上。

一九〇六年一月，清廷派出的考察政治大臣端方、戴鴻慈到達美國，他們得知在美華僑難以受到中國文化的教育，不得不附入美國學校讀書，便提議：華僑如欲設立小學堂，本大臣當奏請政府立案，俾海外華僑小學堂歸欽差管理，他日學生畢業領照，與內地學堂無異。於是，紐約、三藩市兩埠商董，以華僑在美國受教育屢遭種族歧視為由郵稟學部，請求清廷協助興辦僑校。一九〇七年一月二十九日，學部奏請派內閣侍讀梁慶桂赴美籌辦華僑興學事宜，又派留學畢業生、新授法政舉人董鴻禕總理南洋各埠學務，是為清政府著手華僑教育之始。

梁慶桂的任命，除了他個人的因素以外，還得到了李家駒、梁誠和唐紹儀的大力促成。現觀梁慶桂在一九〇七年上學部的手折，表明他對華僑教育的重要性認識是非常明確的。奏摺說：「……伏念西國殖民政策，無不以文字語言為化合力。……若使旅外僑民於祖國之文字語言道德習尚淼無所知，則習外之見愈深，愛國之情漸淡。查北美僑民以十萬計……惟限於教育無人，不得不附入彼國之學校。若能提倡激勸，則中文學堂之成立，可計日期。……我國學生凡普通畢業後欲習專門者，尚需諮送赴美就學，若以該處僑民就近附學，其經費豈非較省？……擬請奏派專員赴美，提倡華僑學堂，俾僑民博通中學，俟畢業後再入彼完美之學校，或使彼中已習專門科學者補習國文，則中西融洽，造成全才，足備國家官人之選。因勢利導，莫便於此。」[173]梁慶桂出於為國家盡快培養人才的動機，想到了目前在西方國家生活、對西方有所瞭解的華僑子弟。他認為，在中國讀書的學生接受了普通教育後，如果要學習專門知識，還需諮送赴美就學。如果

---

173 梁慶桂：〈光緒三十三年上學部手折〉，收錄於《式洪室詩文》，民國20年（1931年）鉛印。

在美國華僑中選送子弟就近學習，所需經費便可較省。但華僑子弟自幼即入美國學校，不熟練中文，將來成才以後恐怕回國難以找到工作，甚至只能留在外國，於國家是個損失。他認為提倡華僑學校，使華僑子弟從小接受中國文化的教育，於國於己都是有益的。

出國前在廣州期間，梁慶桂還宣導了廣東地方自治運動。一九○六年九月，清廷頒佈預備立憲詔旨，各地聞風而起著手籌組和建立立憲團體。一九○七年七月，為樹立預備立憲的基礎，民政部特飭京師內外城巡警總廳宣導地方自治。八月，又通諮各督撫仿照直隸辦法，擇地試辦。一九○七年十一月，廣東成立了兩個地方性的立憲團體，即廣東地方自治研究社和粵商自治會。

廣東地方自治研究社是由梁慶桂倡議，聯合許秉璋、楊晟、張璧封、梁致祥、孔昭鋆、莫鴻秋和羅國瑞等發起、組織的。梁慶桂在論述該社緣起時說：「天下大勢，有憲法之國國恒強，無憲法之國國恒弱。……大地博博，時局儳儳，此亦天運一大轉機哉！今天子下明詔定立憲，寰海萌庶延頸望治，於是天津首創地方自治研究所，江蘇設立預備立憲公會，若閩若吉若鄂，以次遞舉，而吾粵缺焉未講，是則士大夫之責也夫。……爰合同人組織斯社，以研考憲法為體，以編輯地方之政治、調查地方之政俗為用。立社省會定總匯也，聯合各府州縣期普及也。外達於京省仕宦，遠布於五洲華僑，則又廣知識資切磋也。」[174]梁慶桂認為，君主立憲政體是政治進化的新階段，實行立憲是中國走向富強的必由之路，是國際國內形勢發展的必然結果，也是中國改變落後面貌的一個機會。而立憲政體對中國來說又是件很新鮮、很複雜的事，必須好好研究，才能成功運作。他衷心希望清政府的新政改革能夠救中國，而他極願為此而出力。

---

174 梁慶桂：〈廣東地方自治研究錄序〉，收錄於《式洪室詩文》，民國20年（1931年）鉛印。

　　一九〇七年十一月六日於廣州文園開成立大會，與會者九十餘
人。十日，召開第二次會議，投票選舉梁慶桂為社長，易學清、楊
晟、許秉璋、盧乃潼為副社長。名譽社長為鄧華熙（前貴州巡撫）、
戴鴻慈、唐紹儀、梁敦彥（外務部右侍郎）、陳慶桂（給事中）、胡恩
彤（軍機處幫領班章京）、梁鼎芬（湖北按察使、禮部顧問官）。十七
日，召開第三次會議，議定了該會職員和《廣東地方自治研究錄》的
編輯出版事宜，確定莫鴻秋等四人為編輯，盧乃潼、張樹柟為總編
輯，編輯大多數是留日學習法政的畢業生。從發起人刊佈的公啟中可
知該社的宗旨：「憲政之要，必以地方自治始……同人公議，爰合斯
社，以忠君愛國為首務，以研考憲法為宗旨，上以副朝廷求治之盛
心，下以養國民自有之能力，廣通音問，交換知識，是則本社之微旨
也。」[175]

　　自治研究社經常派人到各地演說自治原理，將章程分寄各城鄉。
在其帶動下，許多府州縣及一些家族都成立了自治研究社（所），不
少研究社（所）把廣東地方自治研究社看做上級自治團體，請求派員
指導工作，有的直接申請成為支社。所以，廣東地方自治研究社發展
很快，是全國立憲團體中人數和單位數較多的一個。

四　開創北美洲華僑教育事業

　　一九〇八年三月七日，梁慶桂赴美，同行者有譯員何葆珩，學生
何焱森及隨員朱兆莘、程祖彝、曹冕。一行人於四月二日到達美國。
　　一九〇八年前後，華僑散居美洲達到十萬以上，而需要接受教育
的華僑子弟人數也達萬人以上。以前華僑辦有一所大清書院，由於辦

175　〈本社紀事〉，載《廣東地方自治研究錄》第1期。

理不善，徒具虛名，鮮有實效。所以，梁慶桂等人抵埠後，受到華僑的歡迎。時駐美公使伍廷芳也給予了大力支持。他劄飭新任美國總領事許炳榛等協助梁氏籌辦，並轉諭各會館紳商董事知照。

　　但是，困難也不少。首先，華僑對清廷的態度不一，對於辦學，意見分歧很大。在梁慶桂到達美國的第二天，保皇會所辦的《世界日報》便發表了主筆謝瑞林所撰的論說〈論政府之派海外勸學員〉。文中說，內地未能勸學，遑論海外。朝廷此舉是以勸學之美名，行羈縻之政策。《中西日報》則對朝廷派員來美興學竭力支持。後來經大力宣傳，才獲得大多數僑民的贊同。其次，華僑宗派林立，各會館紳商董在辦學經費、地點等問題上爭執不休。在光緒三十二年美國遭地震之災時，清廷曾以華僑受災甚眾，發帑銀四萬兩，由外務部匯與駐美大使梁誠為賑災之用。賑災的餘款，後經研究決定用於建立中西兼授之學堂一所。但全部款項落入三邑會館主席謝某、岡州會館（新會鶴山兩邑會館）的林某、陽和會館（香山東莞兩邑會館）的周某等人之手，這些人「非惟無識，復善生事，埠中善舉，多為所敗壞」，他們以私害公，不肯交出款項。梁慶桂幾經勸諭，舌敝唇焦還是沒用，最後破除情面，呈請學部究辦，才迫使他們就範。

　　三藩市（San Francisco）是華僑人數最多的地方，也是梁慶桂到美的第一站。經過五個月的努力，他終於在那裏打開了局面，於是他又到沙加緬度（Sacramento）、羅省技（Los Angeles）、梳力（Salt Lake）、了哥連（New Orlean）、華盛頓（Washington D.C.）、紐約（New York）、芝加哥（Chicago）、砵崙（Porrland）、舍路（Seattle）、域多利（Victoria）、雲高華（Vancouver）十一地勸學。各地情況不同，有的地方商務無多，籌款困難；有的地方家族主義未除，不願聯合辦學；有的地方僑民無多，難以獨立成校，但聯合辦學地點又難以適中；有的地方人情渙散，眾議分歧，徒事延宕。梁慶桂奔走於各地各姓之

間，妥籌辦法，終於得到熱心人士的讚助，未及一年，各校得以相繼
建立。梁慶桂在上學部呈文中說：「慶桂遍歷各埠，接見紳董，公宴
私覿，廣為演說，宣佈朝廷德意，鈞部懿舉，本諸孔孟遺訓，諭以忠
孝大義，竭誠開導，以堅其內嚮之忱，僑民仰戴皇仁，眷懷祖國，遠
近傳播，靡不感動。雖間有頑梗，遇事阻撓而謠諑多端，究不能搖惑
人心，而各校卒以成立。此在美籌辦之大略情形也。」[176]其中艱辛，
不難窺見。

梁慶桂創榛闢莽興辦美洲華僑學校，又根據當地特點，制定了僑
校的辦學宗旨和各項規章制度。他在美洲發表勸學簡明辦法，申述自
己的辦學思想時說：

夫僑民子弟，生長外邦，束髮受書，即入西國學校。比長，又習
其專門，或游其大學，西學固所肄習，所闕者中學耳，則所欲興辦者
中學為尤亟也。教育家有言：凡國於大地必有其國民教育，使其民具
普通之知識，抱忠愛之熱誠，以養成國民資格，而所授教育必以本國
語言文字為主，蓋語言文字為立國之要素，一國之人，無遠無近，無
老無幼，所藉以表情意通聲氣者，唯語言文字是賴。故滅人國者，必
滅其國之語言文字，使失其所以表情意通聲氣之具，扼其吭而制其
肘，然後任吾奴隸之，牛馬之是命。俄懸波蘭，禁其國語；英墟印
度，易以英文。其已事也。吾堂堂中國人，忽其數千年沿習遞嬗之語
言文字，可乎？夫只習西學，是一外國國民耳；縱負絕學，亦一外國
人才耳。吾國家用之，與用客卿無以異，即今所用之客卿，類皆深通
中文，能理公牘，而我之西習學者，轉不若彼，恥孰甚焉。

且吾國專門實學闕焉未講，所賴海外學子稗販歸國，播諸學界以

---

176 梁慶桂：〈宣統二年上學部呈送美洲華僑學冊文稿〉，收錄於《式洪室詩文》，民國
　　20年（1931年）鉛印。

為之倡。然譯事甚難，今之譯本，往往拘文牽義，言不雅馴，甚且不達其意，此不通中學之蔽也。

慶桂不敏，忝膺勸學之責，亟欲立一學堂，使僑民子弟肄習祖國語言文字，一爐而冶，養成宏達之才，歸備國家之用。人才日起，國勢日強，將僑民經商海外者，亦得藉國權而自立，此殆同鄉諸君子所樂聞者歟？」[177]

三藩市中華會館大力支持梁慶桂，他們選出鄉望素孚才具精敏者組設學務公所，專責推進學務。一九○九年年初，中華會館暨八大會館紳商董事開會將大清書院改為大清僑民公立小學堂，搬進新建中華會館中，並於一九○九年二月八日開學，請許領事為校長，學校經費暫在廣東銀行揭借兩千三百五十元以供支應。學生報名入學者有一百四十人，是為北美所建新校中最大之學堂。梁慶桂參加了開學典禮後，於二月十七日起程歸國。在梁慶桂歸國時，《世界日報》發表了〈送梁閣讀歸國序〉，中說：「吾鄉民之去國亦遠矣，遐荒異域中，學舍巍峨，學子莘莘，人懷鄒魯之鄉，士沐讀書之澤，豈非亙古未有之奇局耶？……先生之功，百年樹人，播種者之勞為不可沒已。」對梁慶桂開創美洲華僑教育新局面表達了由衷的感激之情。

梁慶桂回國後，美洲華僑又聯名稟報學部，要求表彰梁慶桂。原來，梁慶桂當日在美最重排場，而美國物價又貴，所至酬酢宴會，演說提倡，造成各埠華僑熱心興學風氣，花費甚多，而學部撥給他的出差費用僅兩千多元，他自耗家財過萬元。華僑因他辦學功績有目共睹，耳聞其因此賠墊至巨，從不接受饋遺，特發起各處紳商簽名，聯稟學部，奏請表彰。[178]

177　《中西日報》光緒三十四年（1908年）八月十八日，轉引自劉伯驥《美國華僑逸史》（臺北市：黎明文化公司，1981年），頁401。

178　轉引自劉伯驥《美國華僑逸史》（臺北市：黎明文化公司，1981年），頁401。

梁慶桂在美一年，興教勸學備嘗艱辛。離開美國時，美國和加拿大成立了僑校八所，歸國後僑民陸續呈報成立僑校四所，共十二所。梁慶桂主持訂立的學校章程、時間表各項，由於較為科學合理，成為僑校多年沿用的規章制度。其所核聘教職員人選，皆屬上乘，成為僑校健康發展的推動力。此後，不但北美洲，海外其它有華僑居住的地方亦紛紛成立僑校，一時蔚成時尚。華僑對祖國的向心力由此得以增強，中國文化也在異國他鄉流佈延綿。梁慶桂被後人譽為「北美華僑教育的開山祖」。

丘逢甲：與時俱進的愛國思想

丘逢甲（1864-1912）一生四十九年。他的愛國思想的形成和發展大致可劃分為三個階段：第一階段從他成年開始，到甲午戰後內渡為止，即從一八八四至一八九五年，他的愛國思想集中體現為保鄉守土的反侵略思想；第二階段從一八九六至一九〇四年，他的愛國思想主要表現為興新學、開民智的教育救國思想；第三階段是從一九〇五至一九一二年，他的愛國思想突破了政治改良的藩籬，贊同、支持反清民主革命。雖然他的愛國思想在各個階段有不同的表現，但卻圍繞著一個共同的核心——祖國的富強和統一，並顯示了他在愛國主義的推動下隨著時代的發展而前進的總趨勢。

一

第一階段：以保鄉守土為主要內容的愛國思想的產生及愛國熱情的初次爆發。

一八八四年，中法戰爭爆發時，丘逢甲剛滿二十歲。帝國主義的

野蠻兇殘和中華民族的積弱不振，給這個青年人以深刻的刺激和強烈的震撼。他「聞變，憂心忡忡，於是知國事之多艱」，「乃益留心中外事故及西方文化，慨然有維新之志」。[179]

　　看起來似乎是外患突然掀動了丘逢甲的愛國之心，探究下去我們卻發現丘逢甲的愛國思想是深深地植根於祖國的沃土裏的。有一次，他和朋友打賭賽詩，在三天之內一口氣便寫下了一百首臺灣竹枝詞，描述臺灣的歷史、政教、山川、風俗、民情，首首新豔，絕無雷同，當時便傾倒了不少人。但當人們為「東寧才子」的華美辭藻叫絕的時候，卻很少有人注意到這個青年人對鄉土的激情。他熟悉和熱愛臺灣的程度，超乎一般人之上！正如他在竹枝詞中所寫的那樣：「二百年來蕃衍後，寄生小草已深根。」[180]因此，當外國侵略者的鐵蹄伸進來時，他的痛恨是可以想見的。

　　當時，唐景崧任臺灣兵備道，因愛逢甲之才，招他入幕佐治，逢甲則「毅然以天下為己任，恒為大吏陳國家大計」。當時，他主要著有〈中國學西法得失利弊論〉、〈何以安置餘勇〉、〈窮經致用賦〉等文章，初步顯露了他具有一副關心國事、注重實際、眼光開闊、見識新穎的頭腦。一八八九年，丘逢甲科舉成名後，歸鄉以教書為業。他注重實學，「又常勸勉學生多閱報章以廣見聞」[181]，在他的影響下，許多人增長了西方民主政體知識及愛國主義思想。

　　一八九四年七月，甲午中日戰爭打響。清軍節節敗退的消息一個接著一個傳來。對時局素為關注的丘逢甲十分擔憂臺灣前途，他毅然投筆而起，以守土拒倭號召鄉里，傾家資以為兵餉，著手組織義軍。丘逢甲一家「子弟能干戈者，盡令從戎，兄弟子侄成年者，皆入營

179 丘琮：《倉海先生丘逢甲年譜》，1913年。
180 鄭喜夫編撰：《民國丘倉海先生逢甲年譜》（北京市：商務印書館，1981年）。
181 江山淵：〈丘倉海傳〉，載於《小說月報》第六卷第三號。

伍」。丘逢甲不但洞察了日本人對臺灣的野心，而且對清政府的懦弱無能也有一定的認識。他強調只有依靠臺灣本土人民奮起自救，才是出路。所以，他大力宣導群眾「人自為戰，家自為守」，並向來臺幫辦防務的中央官員表示：「如當國者真有棄臺之意，竊願舉所有義旅共保危疆。」[182]為了團結人民一致對外，他致書臺灣巡撫唐景崧，提出對義軍的態度應「以寬御眾，結以恩義」。他帶領義軍協助官軍防守各關隘，一改平日名士作風，誓與士卒同甘苦。

　　一八九五年四月，中日簽訂割臺之《馬關條約》。丘逢甲聞訊悲憤異常，率領各界紳民向唐景崧呈文，並電奏朝廷，力爭廢約。呈文寫道：「……臣等桑梓之地，義與存亡，願與撫臣誓死守禦。設戰而不勝，請俟臣等死後，再言割地。……如日酋來收臺灣，臺民惟有開仗。」然而，「刺血三上書，呼天不得直」，不論電爭，還是電罵，卒不能挽。

　　清廷棄臺，把臺灣人民的抗日戰爭推向更為艱難的階段，臺灣各階層面臨著嚴峻的考驗。投降派十分害怕日本人，認為「一拂其情，勢必全力並攻，徒損生靈，終歸淪陷」。臺撫唐景崧對於抗日護臺也缺乏信心，覺得「坐困絕地，兵少難防」，「久支強敵，難操勝算」。一批貪生怕死的官僚紛紛收拾細軟，準備逃跑。官一離任，民變立生，搶劫四起，各處大亂。面對這種情況，丘逢甲氣憤地說：「余早知有今日矣！臺灣者，吾臺人之所自有，何得任人之私相授受？清廷雖棄我，我豈可復自棄耶？」[183]於是，他發表自主保臺文告，莊嚴宣告：「臺灣為朝廷棄地，百姓無依，惟有死守，據為島國，遙戴皇靈，為南洋遮罩。……臺民此舉，無非戀戴皇清，以圖固守，以待轉

---

182 鄭喜夫編撰：《民國丘倉海先生逢甲年譜》（北京市：商務印書館，1981年）。
183 江山淵：《丘倉海傳》，載《小說月報》，第六卷第三號。

機。」對祖國的依戀，對朝廷的抱怨，對敵人的仇恨，對命運的抗爭，各種複雜的感情都摻和在這字字血淚之中。

　　丘逢甲帶領義軍與日寇血戰至七月下旬，終因彈盡餉絕，揮淚離開臺灣。行前悲憤交集，感賦七絕六首。其中有一首云：「宰相有權能割地，孤臣無力可迴天。扁舟去作鴟夷子，回首河山意黯然。」[184] 表達了他對清廷割臺行為的切齒痛恨和護臺失敗後萬分悲痛的心情。

二

　　第二階段：以興新學開民智為主要內容的愛國思想的深化和發展。

　　如果說，前一段佔據他頭腦的主要是保衛鄉土的意念，那麼內渡後他對整個中華民族的命運傾注了更多的關切；如果說前一段他的愛國熱情在反侵略戰爭中爆發出閃電一樣的火花，那麼內渡後他憂國憂民的感情在教育和創作中燃燒得更為熾熱了。

　　丘逢甲離臺內渡，定居於廣東省蕉嶺縣淡定山村，在深深的悲痛和失望中度過了歸粵的頭兩年。但對臺灣的懷念和收復國土的強烈願望，又使他很快振作起來。一八九六年，他送謝道隆歸臺時寫下了這樣的詩句：「親友如相問，吾廬榜『念臺』，全輸非定局，已溺有燃灰。棄地原非策，呼天倘見哀。十年如未死，捲土定重來。」[185]

　　甲午戰爭引起了丘逢甲深深的思索。他開始認識到洋務運動所標榜的富國強兵的虛妄，在〈海軍衙門歌〉一詩中，他記錄了洋務派「經營慘澹之十年」的海防一舉而敗壞，致使「百萬冤魂海中葬」的歷史悲劇，對李鴻章吹噓的海防優勢作了辛辣的諷刺，對賣國外交作

184 丘逢甲：《嶺雲海日樓詩抄》（合肥市：安徽人民出版社，1984年）。

185 丘逢甲：《嶺雲海日樓詩抄》（合肥市：安徽人民出版社，1984年）。

了憤怒的譴責。如何才能戰勝外國侵略者？如何才能使國家擺脫深重的民族危機？丘逢甲痛定思痛，過去比較朦朧的維新變法思想迅速變得明朗起來。所以，當康有為、梁啟超舉起維新救國的旗幟時，他自然而然地成為他們的支持者和擁護者。在具體行動中，他認為自己長於教育，「故內渡後銳意於興學啟民智」[186]。

丘逢甲抱著「能強祖國則可復土雪恥」的信念，在廣東首倡新學，取得了不少成績。丘逢甲很早就留心西方文化，在臺灣執教時已「深感括帖之無用，在教授應試文藝之外，兼授中外史實及世局新知等」[187]。在韓山書院，更因摒棄八股試帖而與書院守舊勢力不合。一八九九年，他聯合了幾個志同道合的朋友，在汕頭籌辦新式學堂——嶺東同文學堂。一九〇四年，他又在家鄉鎮平縣創辦了初級師範傳習所、鎮平縣立中學堂及東山、員山「創兆學堂」。他在員山創兆學堂自撰一聯表達自己的志向是「創新學界，兆大人文」。他還派出宗人子弟往福建的武平、上杭及鄰近的平遠、嘉應州、興寧等地，為同宗及異姓籌辦族學，「先後共勸辦學校以百數」，韓江上游小學教育因之發達。丘逢甲的辦學目的十分明確。他在〈創設嶺東同文學堂緣起〉一文中，把教育與救亡緊密聯繫起來，反覆申述中國「鄙夷西學不屑道，以馴致於貧弱而危亡」的沉痛教訓，明確指出：「國以何強？其民之智強之也。國以何弱？其民之愚弱之也。」並大聲疾呼「亡國慘禍，迫在眉睫！」號召青年「振刷精神，破釜沉舟」，勇敢地擔負起救亡的責任。丘逢甲一方面注重培養學生的愛國思想；一方面抓好教育內容和形式的改革。嶺東同文學堂採用新式教科書和西歐新法教學，開設格致、生化、經史、算學等課程，並特地聘請日本學者為之

---

186 丘琮：《岵懷錄》，丘逢甲：《嶺雲海日樓詩抄》（合肥市：安徽人民出版社，1984年）。

187 丘琮：《倉海先生丘公逢甲年譜》，1913年本。

教授，介紹日本維新學術。由於此校時時「灌輸革命及維新之說鼓舞士氣」，有志者趨之若鶩。辦校十多年，「嶺東民氣蓬勃奮發」[188]，確實起了啟民智、育人才的作用。

　　在辦學過程中，丘逢甲與各方面愛國人士的聯繫加強，眼界開闊了，思想也開朗了。在立志維新救國的同時，漸有同情革命的傾向。一九〇〇年，他到南洋籌募辦學經費，在香港會晤了正在傾盡全力組織武裝勤王運動的康有為和梁啟超與他們合照了持刀並立的照片。據丁文江先生撰《梁任公先生年譜長編》載，三月初十，梁啟超致書乃兄君力，言各地運動情形，其中有「丘仙根進士倡率屋聞」之語，透露了當時丘逢甲的思想與立場。此時，孫中山領導的資產階級民主革命與康有為提倡的維新改良同時並起，興中會已策動過廣州起義，正在醞釀惠州起義。丘逢甲對孫中山的活動也表示了贊許。有一天，他與唐才常縱談時局，認為「孫某所倡排滿革命，名義甚正」[189]。

　　一九〇八年，中國知識界中興起了革命思潮。上海愛國學社鼓吹種族革命，嶺東同文學堂學生爭相起應，革命文字見諸國文課卷。丘逢甲十分理解青年學生的救國抱負，對此不加干涉，還說，「此天賦人民思想言論之自由權」。當時丘逢甲有古詩一首贈謝逸橋，詩中對這個青年驚世駭俗的激烈言論拍手叫好，反映了丘逢甲思想的開放。詩云：「人言謝生顛，吾未敢從眾。與言世界事，談言動微中。即令能顛亦復奇，終勝老生了無用。神州大陸殊可哀，紛紛老朽無人才。眼中突兀少年在，令我鬱鬱心顏開。即今時事須放手，安得人盡顛如雷？謝生言論自由耳，已令世人駭俗死。丈夫何止用口舌，治世界事

188 丘琮：《岵懷錄》，丘逢甲：《嶺雲海日樓詩抄》（合肥市：安徽人民出版社，1984年）。

189 鄭喜夫編撰：《民國丘倉海逢甲先生年譜》（北京市：商務印書館，1981年）。

從今始。時哉時哉不可失，東南風吹大海水。」[190]丘逢甲的門生子弟不少是堅決反清的志士，可以說與他的鼓勵贊許不無關係，如眾所週知的辛亥時期活躍人物鄒魯、姚雨平、陳炯明等均出其門下。

三

第三階段：支持民主革命，愛國思想譜新篇。

丘逢甲因為辦學成績顯著，開廣東新學之先河，受到當政者的重視。兩廣總督岑春煊於一九〇六年聘請丘逢甲擔任兩廣學務公所參議。不久，又改任廣州府中學堂監督和兩廣方言學堂監督，教育界同人又推他為廣東教育總會會長。丘在廣東學務公所時，「凡有擬議，胥為岑春煊及公所總辦張鳴岐所深信用，幾於言聽計從」[191]。隨著丘逢甲社會地位和聲望的提高，他與粵省大吏的往來密切了。這給丘逢甲思想的轉化增加了一定的困難。一方面，他同情革命，對康有為所持的保皇立場不以為然；另一方面，在他的詩作中，與封建官僚的唱和之作增多了，褒揚節婦，提倡尊孔的詩作也出現了，甚至對革命黨人發動民變兵變深表疑慮。總之，這一階段的頭幾年，丘逢甲的思想呈現出徘徊不定、新舊交錯的狀態。

丘逢甲思想的根本轉變是在一九〇九年。這一年，廣東省諮議局成立，丘逢甲被選為副議長。他熱心為地方興利除弊，又延攬革命黨人古應芬為書記長，鄒魯、陳炯明為書記，倚仗他們興學禁賭，頗有成效。但在諮議局爭取立憲的運動中，他越來越看清了清廷頑固保守，失盡人心，終於產生了背棄清廷的念頭。這年秋天，他寫了〈秋懷八首〉，其中有一首云：「滿目洪流治已遲，誰教天展九年期？元黃

---

190 丘逢甲：《嶺雲海日樓詩抄》（合肥市：安徽人民出版社，1984年）。
191 鄭喜夫編撰：《民國丘倉海逢甲先生年譜》（北京市：商務印書館，1981年）。

大化無今古，風雨神山有合離。四海畢消蛟蜃氣，九天同拜虎龍姿。書生自作華胥夢，千載何妨此一時？」[192]在詩裏他預言清廷氣數已盡，正無可奈何地走向滅亡，一個新的政權將會出現，他希望抓住這個千載一時的機會，實現他收復臺灣的夢想。這首詩可以說是他思想發生根本性變化的一個標誌。此後，他支持民主革命的政治態度日漸明確，行動上也愈為堅定。

一九一○年，三民主義騰播於全國，丘逢甲十分高興地說：「是吾志也。吾欲行民主於臺灣，不幸而不成，今倘能成於內地，余能及身見之，九死無所恨也。」[193]不過他仍擔心革命將招致列強干涉，所以又說：「革命能和平成功，最佳。不得已而有破壞屠殺，亦不可過當。蓋我國今日大患，不在滿清，乃在東西列強。若因破壞屠殺而毀傷國脈元氣，將益啟列強侵略。」[194]這幾年革命風雷激蕩，革命黨人不顧危險，多次舉行起義、暗殺。丘逢甲每遇失陷者，如參加廣州新軍起義和黃花崗之役的革命黨人，輒以其社會、政治地位力為調護、保全。他因此而漸遭當局疑忌。清朝大員胡湘林、王秉恩等明訪暗查，無所不至，甚至公然以革命黨魁之名列諸公牘，登諸報章。新任廣州將軍鳳山向朝廷密奏廣東革命士紳，就以丘名為首，但丘逢甲我行我素，夷然不稍動。

武昌起義前，丘逢甲曾策動水師提督李準歸向革命黨人。武昌起義後，廣東諮議局召開各界大會，共同議決獨立，迫張鳴岐反正。丘逢甲在其中起了積極作用，推動了廣東和平光復。廣東光復後，丘逢甲被推為廣東軍政府教育部部長，並作為本省代表派赴上海參加組織

---

192 丘逢甲：《嶺雲海日樓詩抄》（合肥市：安徽人民出版社，1984年）。

193 鄭喜夫編撰：《民國丘倉海逢甲先生年譜》（北京市：商務印書館，1981年）。

194 丘琮：〈岵懷錄〉，收入丘逢甲：《嶺雲海日樓詩抄》（合肥市：安徽人民出版社，1984年）。

臨時政府，後又當選為南京臨時政府中央參議院議員。參加組織政府後，丘逢甲精神振奮，力任艱巨。他對於革命成功，十分歡欣，激動地說：「內渡十七年，無若今日快心者！」又伸手示人以護臺戰爭留下的傷疤，說：「吾未嘗一日忘此痛也。」在南京，他帶著勝利的喜悅冒雪遊孝陵，寫下了「鬱鬱鍾山紫氣騰，中華民族此重興」的詩句，對未來充滿了希望。

不幸的是，此時丘逢甲突然發病，不得已告假回鄉。他在南歸途中仍憂念國事，經過廈門時，得知福建省獨立後還未召開省議會，便應紳民之請，致電福建都督孫道仁，請速行召開省議會。電文大意為：革命目的在掃除滿清秕政，若一切仍舊，安用鐵血為？並說：「民國新造，斷非一二人專制可以成功。」[195]這表明丘逢甲的思想沒有停留在排滿的民族革命上面，而是繼續為爭取民主制度的建立而努力。一九一二年二月十二日，清宣統皇帝退位，丘逢甲聽到這個消息，臉上露出笑容。但當聽到袁世凱代替孫中山任臨時大總統時，又悵然若失，不安地說：「前途未可樂觀也。」二月二十五日，丘逢甲在家鄉逝世，臨死時囑咐親人葬須南向，最後一次表達了他至死不渝收復臺灣的心願。

梁啟超的社會主義觀

梁啟超的社會主義觀，一向不大為人注意，因為梁啟超是主張發展資本主義的，並大力鼓吹「二十世紀之巨靈托辣斯」，與孫中山的社會主義──民生主義大唱反調，不少論者認為，梁啟超不可能對社會主義有真正的認識。但是，筆者在考察了梁啟超對社會主義的一系

---

195 鄭喜夫編撰：《民國丘倉海逢甲先生年譜》（北京市：商務印書館，1981年）。

列論述後覺得，他對社會主義理論的理解，比同時代的很多中國人都
要正確和深刻，他對社會主義如何在中國實施，也有獨到的、符合中
國國情的見解，表現了在近代中國複雜的社會環境下，中國人對國家
前途的多種思考和選擇。

一 對社會主義持肯定和贊成的態度

對於在歐美流行的社會主義思潮，梁啟超很早就有所注意和研究。

一九○三年他漫遊美國時，開始接觸到美國的社會主義運動。他
在《新大陸遊記》中記載：「余在美洲，社會黨員來謁者凡四
次。……其來意皆甚殷殷，大率相勸以中國若行改革，必須從社會主
義著手云云。……余以其太不達於中國之內情，不能與之深辯，但多
詢其黨中條理及現勢而已。大抵極端之社會主義，微特今日之中國不
可行，即歐美亦不可行，行之其流弊將不可勝言。若近來所謂國家社
會主義者，其思想日趨健全，中國可採用者甚多，且行之亦有較歐美
更易者。蓋國家社會主義，以極專制之組織，行極平等之精神，於中
國歷史上性質，頗有奇異之契合也。以土地盡歸於國家，其說雖萬不
可行，若夫各種大事業如鐵路、礦務、各種製造之類，其大部分歸於
國有，若中國有人，則辦此真較易於歐美。特惜今日言之，非其時
耳。社會主義為今日全世界一最大問題，吾將別著論研究之。」他還
說：「吾所見社會主義黨員，其熱誠苦心，真有令人起敬者。」[196]這
時他在學習和考察資本主義，但他對社會主義並沒有拒絕接受，而是
還在認識和思考之中。

一九○七年，他寫了〈社會主義論序〉一文，為吳仲遙所著之

---

196 梁啟超：《新大陸遊記》（長沙市：湖南人民出版社，1981年），頁48。

《社會主義論》作序，並闡明了自己對社會主義的一些看法。他立足中國，放眼世界，既關注中國，也關注世界，把中國和世界聯繫起來進行思考，認為社會主義是一個具有全球性意義的大問題，對中國會有很大的影響，值得加以重視和研究。他說：「世界之問題亦多矣，而最大者宜莫如經濟問題。經濟問題之內容多矣，而今日世界之最苦於解決者，尤莫如其中之分配問題。坐是之故，而有所謂社會主義者興。」他認為社會主義的發生是歐美國家經濟發展的結果，中國目前雖然還未有此問題發生的環境，但作為一個國民，世界的一分子，不應採取「隔岸觀火」的態度。[197]

梁啟超對社會主義又持非常審慎的態度，認為應先弄清楚社會主義是什麼東西，再看看其是否適合於中國。所以，他又說：「但其為物也，條理複雜，含義奧衍，非稍通經濟原理者，莫能深知其意。又其理論基礎，在於事實。而此事實為歐美各國之現象，我國不甚經見。國人索解愈難。……未知社會主義為何物，而欲論我國宜如何適用之，其以喻天下亦艱矣。」[198]社會主義是在外國生長起來的東西，中國有沒有社會主義生長的土壤？中國人對社會主義究竟弄懂了沒有？弄懂了多少？在沒有弄懂以前，就忙於在中國實行，梁啟超認為這樣是無法把中國的事情搞好的。這是他在辛亥革命前對社會主義的看法。

辛亥革命後，梁啟超對社會主義已有了更多的認識，在探索中國要不要實行社會主義的問題上逐漸有了自己的想法。這種思想開頭散見於一些歸國演說辭中，後來則在一九一二年的〈覆張東蓀書論社會主義運動〉一文中進行了系統的闡述。

---

197 梁啟超：〈社會主義論序〉，收錄於《飲冰室合集‧文集》之二十（北京市：中華書局，1989年），頁1。

198 同上。

　　首先，梁啟超認為資本主義是一個吃人的不合理的剝削制度，資本家十之八九是「將本求利」之徒，資本主義的罪惡他也是看得很清楚的，對勞動人民疾苦的同情使他對資本家和資本主義的罪惡深深痛恨，但他又感到需要發展資本主義生產來振興中國經濟，所以在要不要用社會主義的方法限制、消滅資產階級的問題上，他陷入了苦悶矛盾的思考之中。他說，為了生產的發展而「祝禱彼輩之成功，則是頌揚彼磨牙吮血之資本主義，與吾輩素心大相刺謬」；「我兩年來，對此問題，始終在彷徨苦悶之中」；「對於此一問題利害衝突之兩方面，積年交戰於胸中而不能自決，有生之苦悶，莫過是也」。[199]

　　梁啟超認為，在歐洲、美國提出實行社會主義，是用以解決經濟上不平等的問題，「故在歐美倡此主義，其旗幟極簡單明瞭，亦曰無產階級與有產抗爭而已。」也就是說，梁啟超是贊同歐美國家的社會主義運動的，認為是改善多數勞動者地位的運動，是必須進行的運動。

　　但在中國，梁啟超認為目前還沒有實行社會主義的條件和需要，但仍認為社會主義是將來的前途，資本主義不過是一個過渡階段而已。當中國的工人階級（他稱為勞動階級）成長起來之後，便可實行。

　　可見，梁啟超對社會主義是持肯定和贊同的態度的，認為在歐美是必須進行的運動，而在中國也是將來要進行的運動。

二　提出以資本主義過渡到社會主義

　　梁啟超認為，中國與歐美國家的國情不同，中國目前最迫切的問題也與歐美國家不同。即中國面臨的首要問題不是實行社會主義，而是實行資本主義。理由如下。

---

199 梁啟超：〈覆張東蓀書論社會主義運動〉，收錄於《飲冰室合集‧文集》之三十六（北京市：中華書局，1989年），頁1-12。

第一，民國初年，中國生產落後，財政困難，人民大量失業，生存成了一個最大的問題，只有發展資本主義大生產才能救貧救死。

梁啟超說：「我國今日之大患，乃在全國人民十中八九，欲求一職業以維持生命且不可得。歐美有業無產之人所處之境遇，在我國一般人視之，已若天堂。」同上。要解決群眾最迫切的就業生存問題，便要大力發展工商業，即發展資本主義，讓大量從農業生產中游離出來的人被吸收到工業生產中，從而為社會創造財富，也為自己找到生活的出路。中國人現在連求當一工人還不可得，何來要求增加工資、縮短工時？當中國的資本主義還沒有發展起來，勞資矛盾還沒有成為社會主要矛盾之時，社會主義的實行缺乏客觀要求，脫離了現實和群眾的需要。

第二，當歐美資本主義席卷全球之時，相對落後的東方被動地納入了世界資本主義潮流之中而陷於殖民地和半殖民地的困境，中國要在世界經濟競爭中不被吞沒，必須要發展本國資本主義以與外來資本主義相抗衡，這是一個民族生死存亡的問題。梁啟超認為，只有發展本國的民族資本主義才能夠救中國。

梁啟超說：「世界戰爭不一，有軍事之戰爭，有學問之戰爭，有宗教之戰爭。而在今日尤為一國存亡之所關者，則莫如經濟之戰爭。……中國今日之工商實已為外國經濟勢力所壓倒，無論何種職業，皆失其自存之力，非大為革新，以謀抵禦此潮流，則全國人民，舍為外國苦力以外無他事可圖也。」[200]他主張中國應大力提倡出大資本家，與外國資本家相抵抗。　　梁啟超認為，中國沒有大資本家，說明中國民族資本主義經濟很落後。要抗衡外國侵略勢力，經濟獨

---

200 梁啟超：〈初歸國演讀辭〉，收錄於《飲冰室合集·文集》之二十九（北京市：中華書局，1989年），頁28。

立，沒有強大的民族資本主義經濟是不行的，擺脫民族淪亡的危機也就成了一句空話。所以，對於社會主義要消滅資本家的主張，他是不贊同在中國實施的。他認為社會主義過早實施，不但不會使人民幸福，甚至連國家富強也一併不可得。這種見解是符合中國當時的社會情況的。

第三，梁啟超還具有社會發展階段論的思想，認為社會運動是劃分為階段的，在中國，社會主義運動的階段還沒有到來。

他認為，社會主義運動是一個以工人階級為主體的運動，而中國還基本上是一個農業社會，沒有多少真正意義上的工人：「勞動階級不存在之國家，欲社會主義之實現，其道無由」；「吾以為社會主義所以不能實現於今日之中國者，其總原因在於無勞動階級」。而不發展資本主義經濟，工人階級又從何而來？所以，他認為首先要發展資本主義經濟，造成大量的工人，工人階級的隊伍和力量壯大以後，社會主義運動才有主體力量，新社會才可以出現。所以他說：「借資本階級以養成勞動階級為實現社會主義之準備」；「社會主義運動不可逾越之階段，殆如此」。[201]

從這個思想出發，梁啟超指出了那種認為中國可以避免歐美國家生產發展後出現的階級分化、貧富分化現象的想法只是個夢想。他說：「吾輩疇昔所想念，總以為歐美產業社會末流之蔽至於此極，吾國既屬產業之後進國，正可懲其前失，毋蹈其覆轍。彼其病源所在，今既經多人批卻道窾，洞悉無餘蘊，治病之藥，亦粲然具陳於吾前，吾但審擇而採用焉。即可以使我將來之產業界，不致為畸形的發達，而現在歐美糾紛艱險之現象，可以不復發生於吾國也。及至今日，而

---

201 梁啟超：〈覆張東蓀書論社會主義運動〉，收錄於《飲冰室合集・文集》之三十六（北京市：中華書局，1989年），頁1-12。

吾覺此種見解,十九殆成夢想。」[202]梁啟超認為,中國今日不能不獎勵生產事業以救貧救死,既要發展工商業,那麼,勞資兩階級的對立和資本家掠奪勞動者剩餘勞動的惡現象便不可逃避。此其一。第二,資本家雖然有剝削工人的一面,也有發展社會生產、造成無產階級產生壯大的另一面。所以,對於資本家應該用二分法,既要看到它是工人階級之敵人,又要看到它也是工人階級的同伴。沒有資產階級,也就沒有工人階級;沒有工人階級,也就沒有社會主義運動。梁啟超對資本主義在人類歷史上所起的創造巨大生產力的作用,是有充分認識的,所以他主張在中國發展資本主義,從而發展中國的生產力,根本改善中國的經濟狀況,即使勞動者付出較大的代價,也是值得的。這是一個不可逾越的階段,害怕資本主義的發展,不但使國家富強、人民幸福的良好願望成為空想,社會主義運動也會因無所憑藉而不能進行。

三　提出社會主義者對資本家應採取何種態度和政策

梁啟超認為,對於社會主義者來說,在現階段既要利用資本家以發展生產力,又要防止資本主義所隨帶的罪惡的膨脹,並為社會主義創造條件,以便在時機成熟時實行社會主義。為此,他提出了社會主義者對於資本家所應採取的態度和政策。

第一,要順應時勢,大力發展資本主義。梁啟超認為,資本主義的發展在中國是大勢所趨,也是社會生產力發展的要求,不能人為地加以抗阻,也沒有抗阻的必要。對於外資,亦不必抗阻。因為,外資

---

202 梁啟超:〈覆張東蓀書論社會主義運動〉,收錄於《飲冰室合集・文集》之三十六（北京市:中華書局,1989年）,頁1-12。

雖也掠奪我國勞動力的剩餘價值，但畢竟比通商中的載糟粕而來刮脂膏而去要好一點。他說：「資本階級將興於中國，其機運殆已成熟，斷非吾儕微力所能抗阻。吾國之資本家雖微不足道，然全世界之資本家，在其本國，各皆已陷於窮蹙之地位，勢必以中國為逋逃藪。中國秩序稍恢復之後，各國之資本，必如狂瀾倒卷以注於吾土，吾儕欲以微力遏之，必備極艱苦而無寸效。且吾亦何苦如此，彼投資我土，雖云掠奪吾勞力結果之一部，最少尚有餘瀝以及我，以視昔之隆隆海舶，載糟粕而來刮脂膏而去者，不猶愈乎？而況乎其結果必能為我產出勞動階級以為將來自樹立之基也。故吾以為資本階級之發生，吾輩抗阻其事為不可能，且亦誠無抗阻之必要。」[203]所以梁啟超主張，應該先發展資本主義，這是順潮流而動、有利於中國進步的事情。

第二，把資本主義視為向社會主義過渡的階段，在這個階段中，對資本主義應採取糾正和疏泄態度，不讓資本家掠奪太過，不讓貧富差別太大，在勞資協調的狀態下，徐圖健實地發展。同時，逐漸舉辦公營事業和勞動者協作事業，發展多種經濟形式，並逐步把生產的中樞轉移到公眾手中，避免資本家的壟斷。

如何糾正和疏泄資本過度膨脹？梁啟超認為：「所謂糾正態度者，將來勃興之資本家，若果能完成其『為本國增加生產力』這一大職務，能使多數遊民得有職業，吾輩願承認其在社會上有一部分功德。雖取償較優，亦可容許。惟當設法使彼輩有深切著明之覺悟，知剩餘利益，斷不容全部掠奪，掠奪太過，必生反動，殊非彼輩之福。對於勞力者生計之培養，體力之愛惜，知識之給與，皆須十分注意。質言之，則務取勞資協調主義，使兩階級之距離不至太甚也。至所用

---

203 梁啟超：〈覆張東蓀書論社會主義運動〉，《飲冰室合集‧文集》之三十六（北京市：中華書局，1989年），頁1至12。

糾正之手段,則若政府的立法,若社會的監督,各因其力之所能及而已。

所謂疏泄態度者,現在為振興此垂斃之生產力起見,不能不屬望於資本家,原屬不得已之辦法,卻不能恃資本家為國中惟一之生產者,致生產與消費絕不相謀,釀成極端畸形之弊。故必同時有非資本主義的生產,以與資本主義的生產,相為駢進。一面政治上若稍有轉機,則國家公營地方公營之事業,便當畫出範圍,在人民嚴密監督之下,漸圖舉辦。一面各種協社,須極力提倡。以傳教的精神策進之,但使能得數處辦有成效,將來自可聯合擴充。倘能令生產的中堅力漸漸由公司之手以移於協社之手,則健實之經濟社會,亦可以成立矣。」[204]

第三,發展和壯大工人階級的隊伍和組織,提高其知識和能力,為埋葬資本主義做好準備。

梁啟超認為:「全世界資本主義之存滅,可以我國勞資戰爭最後之勝負決之。」[205]也就是說,他認為中國無產階級戰勝資產階級、實現社會主義的那一天,也就是全世界資本主義消滅、進入世界大同的時刻。不久的將來,必有全世界資本家以中國為逋逃藪之一日,所以一舉把全世界資本主義連根拔掉的任務,落在了中國無產階級的肩上。中國無產階級要完成如此重大的任務,必須具有強大的實力和充分的準備,而中國無產階級又非常幼稚和弱小。因此,發展壯大無產階級的隊伍和提高無產階級的覺悟、知識和能力便是刻不容緩之事。梁啟超說:「我國勞動階級既負此絕大責任,則培植之者安得不預,而所以愛護之者安得不勤,又須知我國人組織能力,本甚薄弱,工會

---

204 同上。
205 同上。

組織，又屬難中之難，在今日而言工會，只能謂之在胎教時代，並呱呱墮地之聲且未能聞也。如何而使之產生，如何而使之能育成不致殤夭，如何而使之能自動負荷責任，此真今日社會主義運動家所當寤寐思服者也。吾以為吾輩宜集中精力以成就此著，此著若就，以後無事不辦。若以無組織之群眾，作無氣力之運動，是尤責胎兒以殺敵致果，其必無幸矣。」[206]

四　梁啟超社會主義觀的認識價值

梁啟超對社會主義學說和運動是下了一番工夫考察和研究的。他在〈覆張東蓀書論社會主義運動〉一文中，反覆地說到自己對社會主義的思考和探索，經過非常艱苦的一段心路歷程，直至回書之時，也仍然是處在彷徨苦悶之中，而未能發現出一個心安理得的途徑可以讓自己著手從事。由於始終未敢自信已經找到了真理，所以只是提出一些想法來，供大家討論研究。

其實，梁啟超心中已經形成了自己的社會主義觀，但因為這是一條先資本主義後社會主義的並不那麼美妙的道路，與當時鼓吹直接通向美好的充滿理想的社會主義的道路對比起來，自然是太過殘酷和痛苦的，以致連他自己都難以啟齒，當別人問到而不能不回答之時，回答起來口氣也不是那麼肯定了。梁啟超的先資本主義後社會主義的道路雖然充滿痛苦和艱辛，但卻有其深刻和正確的地方，以致我們今天讀起來，仍然對他的認識水準和洞察力感到震驚。

首先，他明確地提出，社會主義若不談生產只談分配，其運動是

---

206 梁啟超：〈覆張東蓀書論社會主義運動〉，《飲冰室合集·文集》之三十六（北京市：中華書局，1989年），頁1-12。

毫無意義的。在一個社會中，生產和分配是一對矛盾，生產是矛盾的
主要方面。歐美國家因為生產已經達到一定的程度，分配卻發生了問
題，所以提倡社會主義；而中國生產還沒發展起來，若專注分配而忘
卻生產，即使把國內的資產分配得非常均勻，又能怎麼樣呢？中國仍
然是一個窮國！

梁啟超是這樣說的：「彼輩（指外國資本家）所最願望者，則吾
國長在此種不死不活之紛擾中，生產力日益固竭，而人生必要之消
費，終不能免，我既無力自給，彼乃憑藉舊勢，益恣侵略。……如是
也，則我雖將國內資產，均之又均，若五雀六燕，銖黍罔失其平，而
我社會向上之效終茫如捕風。……故吾以為在今日之中國而言社會主
義運動有一公例當嚴守焉，曰：在獎勵生產的範圍內，為分配平均之
運動。若專注分配而忘卻生產，則其運動可謂毫無意義。」[207]

其次，他清醒地看到，有組織、有覺悟的工人與散漫、破壞力大
的遊民雖然都是被壓迫的人民，但卻是兩個不同類型的群體，社會主
義運動所依靠的是工人階級，而不是遊民階層。中國缺少工人而擁有
大量遊民，但遊民決不可以作為社會主義運動的依靠力量。

梁啟超談到工人階級與遊民的區別，並指出工人階級之運動可以
改造社會，遊民階級之運動只有毀滅社會。他說：「勞動階級者，非
遊民階級之謂，勞動階級者，以多數有職業之人形成之，此項有職業
之人，結合團體，擁護其因操業所得之正當利益，毋俾人掠奪，此在
道德上為至當，在事勢上為至順。若夫無業遊民，則與此異，彼本來
並無所謂因操業所得之正當利益，則更何擁護之可言，故勞動階級可
以責人掠奪其剩餘，可以向人索還其所掠奪，遊民階級則不能有此權

---

207 梁啟超：〈覆張東蓀書論社會主義運動〉，收錄於《飲冰室合集・文集》之三十六
（北京市：中華書局，1989年），頁1-12。

利。其屬於勞動者之一類，則可以為社會運動之主體者也，其屬於遊民之一類，則決不可以為社會運動之主體也。勞動階級之運動可以改造社會，遊民階級之運動只有毀滅社會」；「吾以為當盡力設法，使之逐漸變為勞動階級，然後與之共事」。[208]

再次，他辯證地認為，資產階級與無產階級是一對孿生兄弟，防止資產階級的發生，也同時妨礙了無產階級的發生，無產階級不存在的國家，要實現社會主義是不可能的。所以不要害怕資本主義，既要看到資產階級是無產階級的敵人，也要看到他是無產階級的朋友，關鍵是對資本主義應採用什麼對策才能避害趨利。

梁啟超說：「勞動階級之發生，恒必與資本階級相緣，故必有資本階級，然後有勞動階級，有勞動階級，然後社會主義運動有所憑藉。」[209]

他又認為，中國資本主義生產事業的發達，不但使無產階級與資產階級相依而生，而且可為中國遊民創造就業機會，使之向無產階級轉化。他說：「然則如何能使中國多數人棄其遊民資格而取得勞動者資格耶？曰：舍生產事業發達外，其道無由。……雖然，於其間有不容忘記之一重要事實焉，曰：勞動階級發生，資本階級亦必同時發生，二者殆如狼狽之相依而不可離，吾儕既希望吾國有真正之勞動階級，而勞動階級與資本階級為孿生兄弟，若是乎，資本主義所隨帶之罪惡，自必相緣而至。吾儕在今日，不可不先有徹底的覺悟，然後根據此覺悟以講救治之計劃。」[210]

綜觀梁啟超的社會主義觀，我們不能不承認，他對於社會主義學

---

208 同上。

209 同上。

210 梁啟超：〈覆張東蓀書論社會主義運動〉，《飲冰室合集‧文集》之三十六（北京市：中華書局，1989年），頁1-12。

理的把握是比較準確的，並由於對中國現實問題的感知比較深切，抵制外國資本主義侵略的要求非常的強烈，而導致他的社會主義觀較少空想，符合中國的實際和中國的需要，對中國如何走社會主義道路應具有重大的啟發意義，可惜一直沒有得到正確的評價和重視。另外，中國近代歷史的複雜和曲折，使梁啟超關於發展自由資本主義的想法也成了泡影，中國的民族資本主義始終沒能發展起來，中國的社會主義最終在一個資本主義沒有充分發展的基礎上建立起來了，走上了它獨特的道路。

歷史發展是曲折的，在我們回顧歷史的時候，先人的思想遺產往往會給我們以巨大的啟迪。

師復主義及其評價

師復主義是對中國無政府主義派的創始人、理論家和領袖劉思復的思想和學說的尊稱，是他的門徒在他死後賦予的。對師復主義的評價向來是見仁見智。筆者試圖把它放在中國近代思想史的長河中加以定位，找出它的積極意義和局限，以說明中國人在探索社會主義道路中的艱難歷程。

一

劉思復（1884-1915），原名劉紹彬。因立志反清，光復故國，改名劉思復，又名師復，廣東香山人。劉思復於一九〇四年到日本留學，受到日本無政府主義者和俄國「虛無黨」的影響，開始醉心於無政府主義。一九〇五年，劉思復參加了中國同盟會。一九〇七年，在廣東惠州、潮州起義期間，他被派到廣州執行暗殺廣東水師提督李準

的任務，不幸事敗，被清政府逮捕入獄。一九〇九年被營救出獄後赴香港，繼續進行暗殺活動。在兩年的監禁中，劉思復細心研讀了《新世紀》等無政府主義刊物，更加堅定了無政府主義的信仰。武昌起義爆發後，他率領香山縣的起義軍（香軍）與胡漢民等會師廣州。一九一一年冬，他與戰友丁湘田、鄭彼岸北上謀刺當時革命的主要敵人袁世凱和滿清親貴。到達上海時，因南北議和開始，被汪精衛勸止，在杭州住了一個多月。這一個多月中，他與同伴對革命道路反覆思考與討論，因對革命後各方勢力的爭權奪利感到不滿、對政治鬥爭感到厭惡、對辛亥革命的不徹底感到失望，遂立志在中國從事無政府主義運動，以圖走另一條道路來救國救民。一九一二年五月，他與莫紀彭、鄭彼岸三人在廣州西關存善東街八號創立「晦鳴學舍」，同年七月，又和鄭彼岸、林直勉、莫紀彭等創立「心社」，開始在嶺南傳播無政府主義。

　　「晦鳴學舍」是在中國本土傳播無政府主義的第一個團體。一九一三年八月，「晦鳴學舍」的機關報《晦鳴錄》周刊在廣州出版，但因時值「二次革命」失敗，廣東軍閥龍濟光查禁了「晦鳴學舍」和「心社」，《晦鳴錄》只出了兩期即遭封禁。劉思復不甘屈服，同年九月把「晦鳴學舍」遷到澳門，改《晦鳴錄》為《民聲》，繼續出版。「晦鳴學舍」也改為「民聲社」。豈料《民聲》僅出兩期，又被袁世凱與葡萄牙領事勾結進行干涉，被迫停刊。「民聲社」在澳門時，國際無政府主義活動家克魯泡特金、格拉佛、高德曼、大杉榮、柴門霍甫等與他們通信聯繫，交換出版物和各種信息，互相支持和鼓勵。

　　一九一四年一月，劉思復離開廣東，到了上海。他在上海發起「無政府共產主義同志社」。《民聲》也在上海復刊，到一九一六年共出了二十九期；一九二一年又在廣州復刊，出至三十八期。該刊的主要內容是提倡無政府主義，翻譯無政府主義者的著述，介紹國內和國

外的無政府主義者的活動和世界工人罷工的情況等。劉思復為《民聲》的編輯和撰稿工作付出了大量的精力，他在該刊物上發表了五十多篇文章，系統闡述了自己的無政府主義思想，在當時產生了較大影響。該刊物不但在國內發行，而且在香港、南洋群島流傳。[211]在他逝世後，他的門徒收集他的文章輯為《師覆文存》傳世。

一九一四年八月，世界各國無政府主義黨在英國倫敦召開大會，劉思復代表中國「無政府共產主義同志社」向大會遞交了《致萬國大會書》，報告了無政府主義在中國傳播的歷史和中國無政府主義者的工作情況。他的這些活動，使中國無政府主義者與國際上的無政府主義者有了更密切的聯繫。劉思復在廣州首創「理髮工會」和「茶居工會」，在服務行業中從事工人運動。據鄧中夏記載：「無政府黨首領劉思復，在中國南部宣傳無政府主義，發行刊物多種。……他首創理髮工會和茶居工會。……無政府黨對於工人的影響，的確延長十餘年」；「無政府黨在南方工會中有很大的影響」。[212]

一九一五年，劉思復因患肺病去世，享年三十一歲。他生命雖然短暫，但死後極受推崇。不少無政府主義刊物發行《師復紀念號》專輯，他的主張被譽為「師復主義」。他所奠定的中國無政府主義理論和組織，繼續獲得發展。隨著「五四」新文化運動的到來，無政府主義思潮在中國得到進一步的傳播，無政府主義社團分佈到全國各地。北京、上海、南京、江蘇、長沙、山西、四川、湖北等地都有。在廣州，則有「民鍾社」、「火焰社」、「民聲社」等無政府主義團體。與此同時，無政府主義的報刊書籍也大量出版，報刊有七十多種，書籍約有三十五種。[213]無政府主義思潮是新文化運動中比較活躍和較有影響

---

211 李光一：《無政府主義在中國傳播及其破產》，載《史學月刊》1981年第2期。

212 鄧中夏：《中國職工運動簡史》（北京市：知識出版社，1949年），頁5-6。

213 張允侯等：《五四時期的社團》（四）（北京市：三聯書店，1979年），頁327-330。

的新思潮之一。它在知識分子和群眾中都擁有不少信徒。

二

　　劉思復所信仰的無政府主義主要是克魯泡特金的無政府共產主義。正如他自己所說的，他是一個「完全服膺克氏學說者」[214]。

　　克魯泡特金也和一切無政府主義者一樣，認為自由有最大的價值，他所追求的目標是「萬人的自由發展」。那麼，是什麼制度妨礙了萬人的自由發展呢？克氏認為，障礙物就是「國家」和「私有財產」。於是他得出如下結論：以各種團體的自由聯合代替國家，以共產代替私有財產，只有在這種時候，萬人的自由發展，才有可能。這就是他的無政府共產主義。無政府，就是否定權力；共產，就是否定私有財產。前者是關於政治生活的理論，後者是關於經濟生活的理論。但這兩者不是截然分開的，而是融合為一體的。他否定權力的思想，不僅在政治生活中，而且在經濟生活中貫徹，所以他主張不帶權力的共產主義。

　　克魯泡特金的無政府主義是對於當時資本主義的否定，進而對國家和私有財產製的否定，當然它也存有許多空想和謬誤。那麼，劉思復是如何接受和宣傳它的？

　　在劉思複寫的《無政府共產主義同志社宣言書》中，開宗名義地聲明：「無政府共產主義者何？主張消滅資本制度，改造共產社會，且不用政府統治者也。質言之：即求經濟上及政治上之絕對自由也。」

　　要取得這種絕對的自由，則必須消滅強權。欲無強權，必自無政

---

214 師復：〈答迦身〉，收錄於《師覆文存》（廣州市：廣州革新書局，1927年），頁167。

府始。劉思復認為:「政府果何自起乎?曰起於強權。野蠻之世,一二梟悍者自據部落,稱為己有,奴役其被征服之人,復驅其人與他部落戰。互為敵國,此國家之由來,政府之從出。自今思之,無價值已甚。彼時獸性未去,固無怪其有此,顧今則已由獸域而入於人境矣,以光天化日之人境,而留此獸域之產物,果何為者乎?」[215]

要取得這種絕對的自由,則必須消滅現存的資本制度。所以,劉思復在辛亥革命後,對建立資產階級的共和國不感興趣,反而對資本主義政治經濟制度進行了批判。他說:「資本制度者,平民第一仇敵,而社會罪惡之源泉也。土地資本器械均操之不勞動之地主資本家之手,吾平民為服奴隸之工役,所生產之大利,悉入少數不勞動者之囊橐。而勞動以致此生產者反疾苦窮愁,不聊其生。社會一切之罪惡,匪不由是而起。」他提出:「廢除財產私有權,凡一切生產機關,今日操之少數人之手者,悉數取回,歸之社會公有。本各盡所能各取所需之義,組織自由共產之社會,無男無女,人人各視其力之所能,從事於勞動。勞動所得之結果——衣食房屋及一切生產——勞動者自由取用之,而無所限制。」[216]

他們說:「吾黨乃宣言於支那之平民曰:無政府共產主義,乃光明美善之主義,出汝等於地獄,使入正當愉快之社會也。『無政府』乃社會進化必至之境,近世紀科學之發明,與夫進化之趨勢,皆宛與無政府之哲理相吻合。」[217]「改造今日之中國,宜採用社會主義也。然社會主義之派別甚多,蛛絲馬蹟,不可捉摸。……真正的社會主義

---

215 師復:〈無政府淺說〉,收錄於《無政府主義在中國》(長沙市:湖南人民出版社,1984年),頁241。

216 師復:《無政府共產主義同志社宣言書》,收錄於《無政府主義在中國》(長沙市:湖南人民出版社,1984年),頁34。

217 同上。

者何？放之四海而皆準的世界惟一的無政府主義是也。」[218]「我們相信現社會談論的主義，概是阿貓阿狗的主義！我們相信現社會倡行的革命，概是半面式的不徹底的革命！真正的自由，要無政府；真正的平等，要共產；這樣的革命，才是人類的福音！」[219]

對孫中山的節制資本的民生主義，他們認為不是徹底的。他們說：「吾人之反對資本制度，乃主張廢除資本之私有，非但反對大資本家而止。」[220]但這種激進的主義，在當時的中國顯然是一種幻想。孫中山一針見血地指出：「無政府之理想至為高超純潔，有類於烏托邦，但可望而不可即，頗似世上說部所談之神仙世界。吾人對於神仙，既不贊成，亦不反對，故即以神仙視之可矣。」[221]

但無政府主義者卻認為他們的主張是可以實行的。理由有以下幾點。

1.無政府共產主義是人類社會發展的必然趨勢，是人類社會的最高發展階段，將隨著科學的發展和人類的進步而達到，並不是無根據的臆想。

2.「無政府主義，乃世界的主義，無所謂適用於某國與不適用於某國。無政府黨之提倡無政府，以為世界無論何國，皆當無政府，非專為一國說法者也。」所以，無政府社會即世界大同，世界革命是「無政府」社會實現的必由之路，而今天東西兩文明日益接近，「行將導東亞大陸之平民與全世界之平民攜手而圖社會革命之神聖事業」，中國只要與全世界人民一道，聯合起來，互相支持，共同鬥爭，就一定能共同進入「無政府」的大同世界。

218　〈長沙安社翻印《民聲》序言〉，載《民聲》（長沙安社選編本）1922年十月。

219　〈「克魯泡特金研究號」發刊的原因〉，載《民鐘》1923年二月第4期。

220　師復：《無政府共產主義同志社宣言書》，收錄於《無政府主義在中國》（長沙市：湖南人民出版社，1984年），頁35。

221　馮自由：《革命逸史》第三集（北京市：中華書局，1981年），頁209。

3.無政府主義者認為人性不是惡的，人性「惡」的一面是不良的社會造成的。「人類道德之不良，由於社會之惡劣；社會之惡劣，由於有政府。若萬惡之政府既去，人類道德，必立時歸於純美」；「今人之好逸樂而惡勞苦則有由矣：私產製度階之屬也。……富者逸而榮，貧者勞而辱，不知不覺之中，遂造成社會上一種好逸惡勞之心理」。向上為人類之公性，美好的社會是人人都嚮往的，只要先覺者「將此種無政府組織之良善，用種種方法，竭力傳達於眾，使家喻而戶曉之，自然無所謂阻力。……及乎知者漸眾，群起而推翻政府，此時縱有少數不明真理者，無政府黨人不難設法曉之」[222]。他們無視經濟基礎對上層建築的作用，認為只要大家明白了道理，共同行動起來，無政府社會便可實現。

綜上所述，劉思復的無政府主義理論大概包含了如下內容。

1.以個人的絕對自由為整個理論體系的基礎，即所謂的「無政府主義的妙理，就是自由兩個字」[223]。自由是人類進步的最高境界。

2.以建設一個「無政府共產主義社會」作為奮鬥目標。

3.以「革命」作為實現無政府共產主義社會的唯一手段。這個「革命」，有其特定的涵義。首先，是指反對強權的一切手段，包括宣傳無政府主義，使眾人知曉無政府主義之光明，學理之圓滿，以及將來組織之美善，並使知勞動為人生之天職，互助為本來之良德，為實現無政府社會準備思想道德基礎。革命也包括罷工、罷市、抗稅抗兵、暗殺暴動等激烈行動。還包括五四前後的「新村試驗」。但是，他們反對運動政治，即反對以參與政府議會的形式去爭取人民的政治權利。認為主張無政府的人，不能提倡有政府的戰鬥。另外，這個革

---

222 師復：〈無政府淺說〉，收錄於《無政府主義在中國》（長沙市：湖南人民出版社，1984年），頁242。

223 〈告非難無政府主義者〉，載《民聲》第30號，1921年三月15日。

命，還指參與世界革命的共同行動。他們認為，無政府共產主義的實現，「必從根本上實行世界革命，破除現社會一切強權」[224]，「平民大革命，即世界大革命，故吾黨萬國聯合，而不區區為一國說法……將來時機成熟，世界大革命當以歐洲為起點。其成功之迅速，必有不可思議者。若就今日中國言，則最要者莫如急起直追，致力於傳播。庶免歐洲一旦有事，而東方傳播尚未成熟，反足為世界進化之大梗也」[225]。

三

　　無政府主義者反對國家政權，反對一切私有財產，主張馬上廢除國家，實行共產主義。在二十世紀初年，這種學說在理論上是空想，在實際上是行不通的。但在民國初年，師復主義在中國流傳，有它特定的社會環境和原因，也有它不可否定的歷史進步作用。它反映了辛亥革命後中國的君臣舊秩序和等級制度的崩潰，人們對於封建專制統治和高壓政策的不滿和反抗，對於自由與平等的嚮往，從而強烈希望尋求一個沒有壓迫、沒有剝削的美好社會。在馬克思主義傳入中國以前，它的積極作用是主要的。

　　第一，師復主義者率先在中國傳播了歐美的社會主義思潮，對於科學社會主義和共產主義學說傳入中國起了橋樑的作用。

　　清廷倒臺後，袁世凱竊取了革命果實，建立專制獨裁統治，人民的自由和人權仍然遭到踐踏，而「中國向何處去」又成了大家關注的

224 師復：〈《晦鳴錄》發刊詞〉，收錄於《無政府主義在中國》（長沙市：湖南人民出版，1984年），頁33。

225 師復：〈無政府共產黨之目的與手段〉，收錄於《無政府主義在中國》（長沙市：湖南人民出版社，1984年），頁273。

問題。在形形色色救國方案的新探求中，無政府主義作為社會主義派別之一被介紹到中國，對中國的前途提出了新的去向，引起了人們的關注，成為當時頗有影響的一股新思潮，對國人有一定的啟發作用。近代學者朱謙之回憶他在青年時代接受無政府主義思想時說道：「一九一七年，我進北大預科讀書時，在北大圖書館裏，陳列著不少無政府主義的書刊。……在那個時候，所謂新思想，就是指無政府主義思想。無政府主義思想揭發社會的黑暗，是作為社會主義思潮被介紹到中國來的。」[226]無政府共產主義傳入中國國內的時間比馬克思的科學社會主義要早，很多知識分子和進步青年是先從它那裏受到了共產主義思想的初步啟蒙，後來再轉向馬克思主義的。如毛澤東就曾對美國作家愛德格・斯諾說過：「我讀了一些關於無政府主義的小冊子，很受影響。我常常和來看我的一個名叫朱謙之的學生討論無政府主義和它在中國的前途。在那個時候我贊同許多無政府主義的主張。」[227]惲代英、陳延年、吳玉章等都曾經信仰過無政府主義。

由於師復主義者初步描繪了共產主義社會的藍圖，鼓舞了人們對共產主義美好理想的熱情，它對共產主義在中國的傳播，有開路的功勞。劉思復對社會主義和共產主義的原則作了具體的介紹，對於當時流行的江亢虎和孫中山的社會主義思想，劉思復也作了分析，指出孫中山的「平均地權」和「產業國有」，不過是把資產階級的社會政策誤認為是社會主義，而江亢虎的社會主義更大背於社會主義原則，對於生產機關公有問題不敢置一辭，維護地主資本家的私有制，根本就不是社會主義。他的分析對於當時對社會主義還不甚了了的廣大人民來說，有啟蒙作用。

---

226 師復：〈朱謙之的回憶〉，收錄於《無政府主義在中國》（長沙市：湖南人民出版社，1984年），頁507。

227 愛德格・斯諾：《西行漫記》（北京市：三聯書店，1979年），頁128。

　　師復主義者把歐洲的新思潮引入了中國，向國人介紹了歐洲無政府共產主義思潮和運動的發生和發展，並預料無政府共產主義社會將很快在全世界實現，鼓舞了中國人民去學習和追趕世界的前進步伐。他們說：「試觀歐洲無政府主義之出世，不過六十餘年，黨人從事運動傳播者，不過四十餘年耳。然今日歐洲各國已異常發達，近十年間，其進步更有一日千里之勢。……萬國革命之實行，且將不遠。尤可喜者，歐洲社會，除資本家外，即是工人。今日之工黨，腦中皆已深印社會主義無政府主義之義理，觀近年工黨之活動，即為無政府實行之朕兆。……嗚呼，歐洲戰雲，彌漫天地，以億兆人之生命，為彼富貴者之犧牲，政府之罪惡，至是而完全揭露矣！戰事完結之日，即為宣佈政府資本家死刑之日。無政府風潮，必將洶湧而起。願吾東亞平民，急從好夢中醒覺，奮步疾追，幸勿瞠乎落後也。」[228]雖然他們所描繪的前景過於樂觀，後來也並沒有出現，但對於世界潮流的認同，對於國人開拓眼界、跟上歐洲前進步伐，應有積極的作用。

　　在二十世紀初期，全中國乃至全世界都處在大動盪、大變革的時代，中國的愛國志士們紛紛向西洋、東洋尋求救國救民之道。他們走了不少彎路，碰了不少釘子，經歷了不少艱辛，才找到了馬克思主義和科學社會主義。而無政府主義的出現，作為中國人向西方尋找真理過程中的一個環節，其對資本主義社會弊端的認識，對國家作為階級壓迫工具的闡明，對各盡所能、各取所需的共產主義原則的宣傳，都為中國人最終找到真理鋪墊了基礎，其積極探索的意義是值得肯定的。

　　第二，師復主義者在五四運動前便率先提出和實行破除舊道德、

---

228 師復：〈無政府共產黨之目的與手段〉，收錄於《無政府主義在中國》（長沙市：湖南人民出版社1984年），頁276。

建立新道德、反對宗教迷信、反對封建婚姻、提高公民素質等思想革命的任務，開了破舊立新的先聲。

師復主義者在宣傳他們的主義時，往往會遇到這樣的質疑：今日人類之道德不齊，一旦無政府，必有種種紛擾，會出現逃避勞動和任意奪取需要品的現象，如何克服呢？也即是說，無政府制度下的人民，一定要有起碼的適合這個社會的道德才行。劉思復認為：「無政府之道德，不外『勞動』、『互助』而已，二者皆人類之本能，非由外爍。但使社會改善，生活之狀態日趨於適，此種天然之美德，必能自由發展。」[229] 不過，從當時社會的道德淪落的情況看，不改變自私、欺詐、奴性、漠視婦女和迷信宗教等封建舊思想、舊道德，無政府社會實現的可能性是很難令人相信的。所以，師復主義者寫了不少反對舊道德、提倡新道德的文章，對舊道德之違背自由平等之公理、新道德之合於人性與科學多所闡明，並提出要進行家庭革命、聖賢革命、綱常革命以幫助人道進化的任務。

劉思復在一九一二至一九一四年寫了一批這樣的文章，如〈不用僕役不乘轎及人力車與平等主義〉、〈廢婚姻主義〉、〈廢家族主義〉、〈素食主義淺說〉、〈告婦人〉等。另外，其它無政府主義者也寫了〈素食與道德〉、〈歐戰後之女權〉、〈婚姻與戀愛〉、〈女子自由問題的研究〉等篇章，這些文章對人類道德問題提出了振聾發聵的意見。劉思復激烈地主張廢絕婚姻制度，提倡戀愛自由，用廢婚主義喚起一般女子自覺心，急謀養成獨立生活之能力以恢復其本來之人格。劉思復認為：「支那之家庭，非家庭也，一最黑暗之監獄耳。此監獄由婚姻為牆基，族姓為磚石，而綱常名教則為之泥土，黏合而成一森嚴牢固之大獄。家長其牢頭，多數可憐的青年男女其囚徒也。……欲破此大

---

229 同上

獄，其惟婚姻革命乎，族姓革命乎！而助此二者之實行，則綱常名教的革命也。」劉思復認為，去迷信與去強權，是革命的要點。迷信與宗教為一流，與彼相反者，則科學之真理。他大聲呼喚平等和科學，成為五四運動高舉「民主」與「科學」兩面大旗的先路之導。

廣州的師復主義者還用自己的實際行動來反對偽道德躬行良好的道德。一九一二年，劉思復與鄭彼岸等在廣州組織「心社」，一九一四年在《民聲》發表〈心社意趣書〉時，便訂有社約十二條：一不食肉、二不飲酒、三不吸煙、四不用僕役、五不乘轎及人力車、六不婚姻、七不稱族姓、八不做官吏、九不做議員、十不入政黨、十一不做海陸軍人、十二不奉宗教。劉思復出於對信念的執著，極力追求個人道德的完美。他自己是從不乘坐人力車和轎子的，平日堅持素食，煙酒概不沾唇。在他病危須要補充營養醫生建議食肉時，他也不改初衷。為了不稱族姓，他改名為「師復」。他的愛人叫丁湘田，在辛亥革命時即在一起秘密工作，歷史很長，但二人只同居而不正式結婚，這是他實行「心社」社約的表現。劉思復的道德人格深受他的信徒們的敬佩。當時「心社」在廣州《平民日報》與《天民報》上開闢「心社析疑錄」一欄，討論社約和公開鼓吹無政府主義，在一些青年學生中獲得了同情。課室和宿舍常有人熱烈討論「廢除姓氏」和「取消婚姻」的問題，還掀起了一股小小的廢姓風潮。雖然他們所躬行的良德，有矯枉過正和禁欲主義的傾向，還有脫離政治、放棄奪權鬥爭的偏差，但也有提倡新道德、反對舊道德的社會影響。對國民性的改造有一定的積極意義。

第三，雖然師復主義者反對一切政府，在推翻政府的問題上，走向了極端，但在民國初期，它主要是揭露袁世凱政府對人民壓迫的本質，指斥了袁世凱北洋政府獨裁專制的罪惡，對推翻北洋軍閥的統治有動員作用。

孫中山領導的「二次革命」失敗後，局勢非常緊張。袁世凱橫暴益甚，對異己者，動輒加以亂黨名目，格殺勿論。《晦鳴錄》在發刊詞中，揭櫫反抗袁氏強權之宗旨，指出：「今天下平民生活之幸福，已悉數被奪於強權。……欲救其弊，必從根本上實行社會革命，破除現社會一切強權，而改造正當真理之新社會以代之，然後吾平民真正自由之幸福始有可言。」他們聲討袁氏壓制言論結社的自由。一九一二年十二月，袁世凱下令解散「社會黨」，一九一三年，又下令解散「中國社會黨」，其黨員陳翼龍在北京被槍斃。劉思復作文痛斥袁氏罪惡，又在《致無政府黨萬國大會書》中說：「袁氏秉政，其專制乃甚於滿清，不獨吾黨備受摧殘，即溫和如『中國社會黨』亦不能相容。言論集會之自由，剝奪淨盡。」[230]他們揭露袁世凱政府利用法律作為鎮壓人民自由權利的手段，指出了不可迷信法律萬能。這些具體的鬥爭，其攻擊的矛頭是指向袁世凱的封建獨裁統治的。

第四，在中國率先提倡工人運動，促進了中國工人運動的興起，並促使中國革命分子在走向與工農民眾相結合的道路上邁出了可貴的第一步。

師復主義者在工人中的活動，鄧中夏的《職工運動簡史》中說得最清楚。廣東的機器總工會、理髮工會和茶居工會都是由他們首先搞起來的，其中機器總工會到五四時已有十餘年的歷史。一九一九年，無政府主義者在廣州河南的大基頭組織一個「互勞俱樂部」（即互助勞動俱樂部），在河南尾同慶四街，組成了「覺然俱樂部」，在長堤電燈廠、增埗自來水廠、石井兵工廠等處，都成立了俱樂部，主持人是梁一餘，參加者有區聲白、劉石心、梁冰弦等。他們在工人中策動組織工會，晚間傳習世界語。

---

230 師復：〈致無政府黨萬國大會書〉，收錄於《師覆文存》（廣州市：廣州革新書局，1928年）。

　　一九二○年，陳獨秀和譚平山、陳公博、梁冰弦、區聲白、黃尊生、劉石心等在廣州組織了「社會主義者同盟」，辦了不少宣傳刊物，以推動勞工運動。廣州出版的《勞動者周刊》，由馬克思主義者和無政府主義者共同編輯。廣東的工人運動發展較快，聲勢較大，與無政府主義者的努力是分不開的。但不久，無政府主義者和馬克思主義者便分手了，無政府主義漸走向衰落。

　　為什麼無政府主義在中國革命事業中很快衰落，而讓位於馬克思主義呢？

　　首先，是它理論上存在重大的缺陷和謬誤。無政府主義認為可以在推翻舊政府後，馬上廢除國家，而不考慮國家消滅所必須的各種客觀條件，要求在那些產生政治國家的社會關係廢除以前，一舉把政治國家廢除，這顯然是不可能的。這只能使得它的理論陷入了空想。當時，不少革命分子就指出：「各盡所能，各取所需，國家消亡等道理是不錯，但非目前所能做到。」[231]無政府主義認為人性是善的，把無政府主義社會的實現寄託在「只要人類發揚互相扶助的本能即可」這樣片面的認識上，而對於人類也有鬥爭征服的本能這一方面估計不足，也沒有採取有效的防範措施，這使它在理論上陷入了片面性。無政府主義認為一切國家、政治、法律和權力等都是蹂躪多數人自由生活的少數人造出來的，這是歸納了過去的歷史經驗得出的一個結論。但是，無政府主義認為將來的國家政治機構也是違反多數人意志而成為少數人的機關，這就未免太過於武斷了。從資本主義制度，一飛腳跑到共產主義社會，從事物發展的規律看，從人類社會進化的過程看，都是不可能的事。所以，無政府共產主義不管是多麼美妙，由於

---

231 鄭佩剛：〈無政府主義在中國的若干史實〉，收錄於《廣州文史資料》第七輯（廣州市：中國人民政治協商會議廣東省廣州市委員會文史資料研究委員會，1963年），頁183。

缺乏實現的基礎，成了空中樓閣，只能嚮往一下，而不能解決實際問題，自然便很快就失去了吸引力。

其次，是它在實踐上存在著致命的弱點。殘酷的階級鬥爭需要堅強的領導、嚴密的組織和鐵的紀律，而無政府主義恰恰相反，想依靠自由散漫的、一哄而起的群眾運動去和全副武裝的敵人鬥爭，其手段是十分軟弱的。無政府主義否定革命階級利用國家政權，否定無產階級的革命專政，這使得革命階級在打擊舊勢力時，不能形成有力的拳頭，不可能取得革命的勝利。所以，不少革命志士在實際鬥爭中感受到這一點，便迅速擺脫了無政府主義的羈絆，走上了馬克思指出的無產階級革命的道路。他們說：「一個迷途的人，忽然面前現出一條大路而且是捷徑的，還有『捨而不由』的道理嗎？」「要達到共產主義，非走無產階級革命的道路不可」。[232]對於歐洲革命來說，無政府主義已經是被拋棄的理論；對於中國革命，它更加不能指導。所以，無政府主義的衰落是必然的。

林森任治河督辦時期的廣東水利建設

一　林森出任廣東治河督辦的歷史機緣

民國十一年六月，陳炯明發動兵變，圍攻總統府和炮轟孫中山在廣州的住所粵秀樓。八月，孫中山被迫離開廣州到達上海，積極聯絡各方勢力，準備武裝討伐陳炯明，南下廣州重建革命政權。孫中山說：「廣州是革命黨的發源地，是很光榮的。我們想再造民國，還要

---

232 中共中央編譯局：《五四時期期刊介紹》第二集（北京市：三聯書店，1959年），頁54。

這個有光榮的地方做起點。好比做新屋一樣，須選定一個好屋基，廣州市就是我們創造新民國的好屋基。」[233]民國十二年一月，孫中山勝利地發動了討伐陳炯明的戰爭。二月，孫中山重回廣州，設立元帥府。三月，正式建立中華民國政府陸海軍大元帥大本營。這是他一生中第三次在廣州建立革命政權。大本營建立後，廣東省政府、廣州市政府隨之建立起來，由廖仲愷、孫科分任廣東省省長和廣州市市長。由於廣州革命政權從建立開始便處於帝國主義和軍閥的圍攻之中，亟待從各方面加固和擴展，所以孫中山在民國十二至十三年中，進行了一系列卓有成效的工作：打敗了叛軍陳炯明對廣州的圍攻，成功地從北京外交使團手中收回了粵海關「關餘」，改組國民黨實現國共合作，鎮壓商團叛亂，籌建黃埔軍校，等等。

其時，正任福建省長的林森因直系軍閥孫傳芳所部入閩，難於在福建立足，乃從福建來到廣州，輔助孫中山。民國十二年七月二十四日，孫中山任命林森為大本營建設部長，八月二十日，就職視事。[234]十月二十六日，孫中山又任命他為國民黨臨時中央執行委員，負責國民黨改組籌備工作。民國十三年一月在廣州召開的中國國民黨第一次全國代表大會上，被孫中山指定為大會主席團五主席之一。後當選為中央執委兼海外部長。六月，兼理廣東治河督辦事宜。[235]

林森在擔任治河督辦時期（一九二四年六月至一九二五年七月），廣東治河處在北江動工興建鋼鐵活動水閘，在西江建石壩以防水患，又疏濬珠江以利交通，做出了實實在在的工作。林森出任治河督辦是他政治活動中的一項兼職，他的任職時間甚短，主要精力並不放在治河上。但在任職期內，治河處工作有進展，與他的工作精神、

233 孫中山：《孫中山選集》（北京市：人民出版社，1981年），頁574。

234 見《南方政府公報》（海陸軍大元帥大本營公報）1923年第22、26號。

235 張磊主編：《孫中山辭典》（廣州市：廣東人民出版社，1994年），頁472。

工作態度和領導作風亦有關係。由於水患對廣州威脅很大，治理河道對經營廣州這個民國革命的大本營來說，亦是一項不可忽視的工作。所以，對此貢獻亦應予以肯定和評說。

二　廣東治河處的設立和運作

民國三年夏，廣東洪水為患，西江、北江流域及珠江流域的一部分被洪水淹沒，水面之高，為七十年來所未有，人民生命財產損失慘重。「粵民怵於水患，公舉代表聯同旅京人士呈請北京政府派員疏治粵河。」[236]此請得到北京政府重視，很快便任命譚學衡為廣東治河督辦赴粵主持治河事宜。同年十二月，譚學衡抵達廣州，設立了廣東治河處。廣東省設署治河，濫觴於此。

廣東治河處成立後，先後擔任督辦的，有譚學衡、曹汝英、孫科、湯廷光、姚雨平、林森⋯⋯。其中譚學衡任職時間最長，其餘任期均為半年到一年不等。林森為第六任督辦。林森於民國十四年六月辭職後，治河處督辦一職改為治河處長，隸屬廣東建設廳。民國十六年十月，復改為督辦，隸屬國民政府，繼任者為戴恩賽。同上。治河處專管水利，掌理河海之疏濬、築堤和預防水患以及發展水利及籌款施工事項。民國十八年改為治河委員會，兼管建港、築埠事宜。

民國八年以前，治河處主要工作是測量水情，民國九年以後，陸續制訂了治河計劃和施工方案，開始了初步的整治。廣東治河處聘請外國工程技術人員，採用外國先進技術和科學方法，使用國際先進材料和設備進行治河。開始時，治河處特地從上海請來了具有豐富經驗的上海濬浦局總工程師、英國人海德生來廣東領導勘測工作。不久，

---

236 《二十年來廣東治河彙刊》（廣州市：廣東治河委員會，1936年）。

海氏辭職。民國四年八月，再聘請了瑞典籍工程師柯維廉為正工程師兼測量員，又選調了一些廣東測量局人員，共同負責測量工作。正是這些從事實際工作的工程技術人員，長期堅持在治河第一線默默無聞地艱苦奮鬥，查清了水情，次第制訂出了整治西江、北江、珠江、東江的詳細計劃。[237]民國九年後逐步籌措開工，從而使廣東治河工程進入了科學系統　的整治階段。[238]但由於中國處於軍閥混戰的環境之中，經費少，且經費多不能按時支付，更兼戰事頻繁，致使許多計劃不能動工或擱淺，到抗戰前的一九三六年，已完成工程尚未及計劃預算的五分之一。此種境況，使治河處同仁一念及此，夙夜憂歎，引以為深憾。

三　林森任職時期的工作及效果（1924年6月至1925年6月）

在林森任職的一九二四至一九二五年，廣東省各地局面仍是動盪不安，但在西江和北江流域，卻於此種政局下完成了一些實際的防護工程，成績是令人滿意的。

---

237 計劃專案主要有：廣州進口水道改良計劃；珠江前航線改良計劃；西江都城新灘改良計劃；高要高明縣屬泰和、秀麗、白鶴等圍防澇計劃；北江改良計劃；開闢海口帆船港及黃埔港計劃。

238 廣東治河經費，初無專款。民國三年開辦伊始，由北京稅務處及廣東省慈善團體所辦之治河公局一次撥付數萬元，以為開辦費及測量西江之用。民國四年又撥賑災款數萬元，繼續測量珠江和北江。民國五年，編定預算，每年13.2996萬元，呈准廣東財政廳照撥。但因財政困難，只能每月撥給0.23萬元。到了民國七年，由海關關餘一次撥款100萬兩，建築蘆苞水閘。民國八年，廣東軍政府指撥關餘6萬元，建築馬嘶水閘及附近圍基。民國十三年，由粵海關每月撥給工程費1.4萬兩。

（一）整治西江

西江發源於雲南省之東北，其流向先趨於南，沿途受納雲南諸湖之水，挾之而下，約至熱帶圈處，改向東北，循此向流至滇黔桂三省交界地方，轉為向東，沿黔桂兩省之界而行，蜿蜒約三百七十公里。出貴州境後稱為西江。向東南行，橫過廣西全省，以達梧州逼臨廣東邊境。梧州而下，東向入粵，至三水縣城，折而向南，入南中國海。統計全長一千七百九十公里，在廣東省內者三百一十七公里。

西江下游的洪水，為上流降雨量大時各支流暴漲所致。民國三年時，西江上游各支流之水傾瀉而下，極為急速，瞬間水位即行飛漲，二十四小時內，漲高六點七公尺，以致氾濫成災。廣東治河處根據測量資料，提出整治辦法數種。一為縮小流域範圍；二為鑿新河以泄水入海；三為開闊河床；四為收束流量。因經費不足與社會動亂等原因，大型水利工程難於舉辦，為杜絕西江及海口三角洲澇患，惟有依靠圍基。修建和加固沿河堤圍，將全部流量，收束於幹河兩岸圍基之間，以資宣洩。

林森任職期間，正是西江分段防澇計劃的第一階段——「宋隆防澇計劃」的實施時期。宋隆流域屬廣東省高要縣，流域面積為四百一十平方公里。耕地約有一百三十五平方公里，占全部面積的百分之三十三。該處只有一小部分區域有圍基保障，名曰大欖圍或思霖圍，但兩圍土基均高度不足，基身薄弱，一遇較大澇水，即不能抵禦，所以在民國三年、四年、七年、十三年，洪水不是把圍基沖成決口，就是漫過基面造成淹浸之患。宋隆流域之其它部分，則全無抵禦澇患之設備。平常年景，每遇夏澇，禾田損失達百分之六十一。因此之故，民國三年、民國四年時，旅居廣州及香港的宋隆人士，為建設家鄉，採取股份公司的形式，成立了「宋隆建築基閘公所」。其股份之集合，

均由旅居廣州、香港，僑居澳洲的宋隆人士，以及宋隆各村人民共同肩任。其時恰值治河處成立，治河督辦據「宋隆建築基閘公所」之請求，派員規劃一切。又於民國十一年（1922 年），諮請廣東省長核准，於民國十二年動工。工程的主要部分，是建築宋隆水口活閘、挖鑿活閘出入口道、建築新基以聯絡活閘與西江岸邊舊有圍基、改築培固大欖圍思霖圍、在宋隆流域的西方和南方沿邊建築各峽橫基等。

　　挖掘閘位地腳工程系在民國十二年十月開始，宋隆流域西邊各橫基繫於民國十三年開始，其它各基則在民國十四至十六年分別建築。林森任職時為民國十三至十四年。挖掘活閘地腳工程，頗為浩大，為初時預料所不及。挖掘閘位入口水道，工作倍感困難。建築各圍基和連絡活閘新基時，由於與該項工程有直接利益者發生爭執，後來又爆發了水口村武力阻止工程事件。改築大欖圍和思霖圍的困難更多，因要拆毀一部分民房，補償問題又無法善後，故遭反對更烈。加上時亂及匪盜，種種困難，無法盡述。開頭有人提出，將各項工程分段招商承辦，可分治河處之勞，處事亦可較為簡單。但當時始終難以找到具有辦理此項工程能力及經驗之商人願分承辦理，所以治河處決然承擔了全部工程任務。他們在宋隆水口設立辦事處，各段另設分段辦事處，處理了大量具體事務。全部工程由治河處派洋工程師一員直接管理，並派華人工程人員及事務人員協同辦理，工程技術人員下到各村規劃基線並直接與房屋所有人協商解決糾紛，加快了工程進度。挖掘閘位地腳工程本在民國十二年十月開始，其後因採石阻礙，於民國十四年二月始著手三合土凝結工程，活閘整座於民國十六年夏季完成開始使用，當年夏水被有效地抑制，該處一帶窪地，是年收穫田禾及價值，較往年多增毫銀八十餘萬。宋隆流域既得圍基和活閘為保護，免除了澇患，還可以蓄水灌溉，使地勢較高的田地也獲豐收。由於較大船隻可以在江上往來行駛，交通大為便利，市場日趨繁盛，人民生活

及農工貿易也隨之發展。[239]

(二) 整治北江

　　北江防潦患之方法，與西江大致相同。將沿河各圍基改良建築，加高至適合的高度，再增築活壩及水閘於各支流之內，以防潦水之氾濫，捍護廣州及廣州西北境。整個北江防潦計劃預計經費為一千一百萬元。因鉅款不易籌集，故治河處計劃於三水縣的蘆苞和西南兩湧先建築活閘，以限制北江流量減輕潦害。

　　蘆苞活壩用土通離式閘門，是向英國倫敦蘭森納伯爾公司定做。該活壩具有十六公尺寬之水竇，另有活壩六孔，每闊十公尺，皆具活動鐵閘，均採用國際上先進的工藝技術。民國九年九月動工，至十一年六月，閘墩地腳工程告竣，到十二年四月潦水初漲時，活閘大致告成，介於北江和廣州間一帶田野受益頗大。民國十三年冬，林森任職時，因閘薨護口下游水深之處，驟然發生巨大激蕩，致令蘆苞活壩底的護石，微現變動之狀。千里之堤，潰於蟻穴。此種變動雖小，但後果嚴重。所以，治河處馬上組織人力用洋灰三合土重築全部壩底護石。民國十四年，又用束枝沉墊法修理壩底護石。由於修治及時，是年潦季中，護石已無顯著變動。另外，因各圍修築工事，也大都於潦期再至前搶修完畢，所以民國十四年時，有效地減輕了水患。後來，在民國十九年，再用鋼筋三合土外罩法保護壩底護石，工程得以不斷完善。

(三) 疏濬珠江

　　珠江之水，多由北江而來，也有西江水灌入。但每到旱季，珠

---

239 《二十年來廣東治河彙刊》（廣州市：廣東治河委員會，1936年）。

江與西、北兩江往往由於斷流而不能通航。這時，珠江儼然一條卓然自立之河，是航運的重要水道。珠江正幹之源發於廣州從化縣境內的柏塘山，流至廣州沙面前的河南洲頭嘴處，分為兩大支流，也即珠江前航線及珠江後航線兩條水道。兩支流流到黃埔下數里處又復合而為一。

　　廣州城在珠江前航線之左岸，此線較後航線為短，且水較淺，苟非潮水盛漲時大河輪船不能行駛，所以口岸輪船進入廣州多走後航線。珠江河道淺，泥沙混雜，在泥沙之下，又是一層堅泥，後航線在低水位時亦只有二點七公尺深，前航線則更淺。所以，吃水在約四公尺的船隻不能日日駛進廣州口，只能在潮漲時駛入。而吃水在四點九公尺之船則根本不能駛進。海德生工程師在一份報告中說，改良的方法可用濬河機濬深河床，如使後航線濬深至四點六公尺以上，並築堤以收束河身之闊度，那麼吃水約四公尺的船便可日日駛入廣州。如濬深至六點一公尺以上，廣州可闢為內河深水港口。

　　治河處於民國七年制定出疏濬珠江後航線測量預算報告，民國十二年制定出疏濬珠江前航線測量預算報告。此報告得到廣州市政府重視並批准，撥給相當款項，開始了一些初步的工作。[240]這些工作為廣州日後建成為一良好內港打下了基礎。

　　綜上所述，可以這樣認為，廣東省的治河工程是一項長期的艱巨的任務，因其對於民生關係重大，民國政府一直予以極大的關注，但一則省內軍事未已，社會動亂，盜賊橫行；一則財政困難，致使工程常常陷於停頓、窩工，拖延了完工的時間和減低了效果。在林森任治河督辦的一年時間裏，西江和北江流域均有建築工程，東江流域也有養護工作。特別是蘆苞工程，備受艱難，加速進行。而於民國十三年

240　《市政公報》第94期（廣州市：廣州市政府，1923年）。

中斷之宋隆工程亦克服困難重新動工。又民國十四年潦期再至之前，各圍修築工事也大都完成。因此，是年潦漲時期，除東江各處圍基間有崩決外，其餘各處均無重大災情，廣東人民皆額手相慶，視為「大幸」。林森任內之工作，值得肯定。

後記

　　當我在該書稿的最後一頁寫上句號的時候，我很想對讀者談談我的導師何若鈞先生。何先生已於二〇〇四年深秋仙逝，離我而去近三年了，而我還沒有機會寫點文字紀念他，心中一直不安。我想，今天應該是我嚮導師的在天之靈奉獻感恩之心的一個適當的時候吧。

　　由於我出身於嶺南文化人的家庭，加上我的父親劉逸生、兄長劉斯奮均為頗有名氣的文人，很多人在得知我的家世後，自然而然地會說上一句：家學淵源。而我總是回應道：我的知識都是老師教的。這完全是事實。在我的家族中，承傳文化不太像中國古代學術流派，講究一脈相承。我父親研究唐詩、宋詞和中國古典文化，兄長研究詩詞外，長於歷史小說和繪畫，弟弟劉斯翰研究詩詞、漢賦、諸子，我則主攻中國近代歷史。雖然都是作文史研究，但研究方向歧異。這除了我父親從不要求我們和他一樣之外，最大的原因是時代使然。現代社會與古代社會的一個很大不同，是家庭已經從封閉走向開放，人不再被局限在家庭、家族之中，而是融入了社會、國家、民族的大海裏。所謂家族主義，在近代已經逐步走向解體。我們接受的教育，主要不是來源於家庭，而是來源於國家和社會。在我年輕的時候，這種文人的家庭出身還一度成為批判的對象，更談不上願意接受家庭的影響。所謂家學，只是家有藏書，任你翻閱而已。但也可能是骨子裏存在的先天基因，兜兜轉轉之後，最終還是走回了文化人的圈子裏，以承傳中國文化為職志。

　　一九七七年是大學恢復考試招生的第一年。在農村基層工作了十

一個年頭的我有幸被華南師範大學錄取，但種種原因未能就讀，一直深以為憾。翌年，又再報考該校研究生。在選擇專業時，看到中國近代史專業一欄上導師的名字：何若鈞。好像是一種緣分的吸引，這個名字給了我莫名的期盼。

當年，華南師範大學中國近代史專業錄取學生兩名：趙立人兄和我。加上世界史專業錄取的兩位師兄，該校歷史系第一屆研究生共四人。當我第一次面聆何老師教誨時，先生端正清?的面容、花白整齊的鬚髮、修長白皙的手指、儒雅得體的談吐，使我這雙見慣了粗手大腳、面孔黧黑的村夫野老的眼睛睜大了：這正是高等學府大樓深院中的知識分子！是那樣優雅、潔白、精緻和超逸。有一種久違的感覺，還有一種距離感。雖然我是在廣州長大的城市青年，但下鄉務農和工作十一年之後，已經改變了很多，我只是一個粗陋的村姑而已。毛澤東說，知識分子要和工農群眾相結合，改造自己。我自認為做得頗好，不論是當農民、當民辦教師，還是當縣委幹部，我都是「一腳牛屎」。

我是一九六六年的高中畢業生，因為「文化大革命」的爆發而失去了上大學的機會，響應黨的號召上山下鄉幹革命，紮根農村不回城，早就死了讀大學的念頭。一九七九年考入大學攻讀研究生，對我來說真像是劫後重生，喜出望外。但我已經三十三歲！青春已逝，精力不濟，加上營養不良，那三年的課程讀得十分辛苦。不幸又患上重病，幾近死亡邊緣，萌生退學之想。多蒙恩師不棄，得以如期完成學業。

何先生出身於清代京師吏人之家，生於一九一一年，正是清王室壽終之年。曾於青年時代留學日本。他一口京話十分醇和嘹亮，字正腔圓。能言而不好辯，言語之運用，只在教導學生時加以發揮，為人十分厚道，體態祥和。每周兩次，我上先生之宅受教。華師北區有幾

十座鵝黃色的雙層獨立小磚房散落在綠樹叢中，當時稱得上是別墅式的住宅，現在已經全部消失。當我懷著朝覲一般的心情沿著樓梯拾級而上走進先生之廳堂，先生早已坐著等候我。他的前面擺著幾本厚厚的、發黃的歷史典籍，這使我想起了「故紙堆」三個字，荒疏學業十一年的我是否鑽得進去？

那時的專業課沒有集體開課，採用一對一的輔導方式，何先生布置我閱讀文獻和史料，然後提問和答疑。在今天，這種待遇已難得享受了。我對歷史十分無知，又經常提出一些自己感興趣的文字和思想上的問題來討教，有時離專業頗遠，有時離現實太近。先生毫不生氣，熱心查字典、找原著，語言親切，令人如沐春風。但先生也嚴肅地指出我的弱點在史料研讀之不足，論證空泛。他說：「歷史學者就應以史實說話，以史為據，論從史出。」從此，撥正了我為學之態度和方法。待我稍為熟悉史料後，先生又建議與我合寫論文，通過這種方法讓我受到激勵和鍛鍊。在學期間，與先生合寫的論文《太平天國》和《戊戌變法研究》均發表。文章主要為先生所寫，讓我署名，全是提攜之意。先生苦心，學生終生銘記。

畢業論文的選題，先生不容我有依賴思想，堅持要我自選。我選了一個在他的研究範圍之外的歷史人物（張謇）作為研究對象，又北上遊學，找尋和收集資料。臨行時他叮嚀再三，並寫了數封介紹信讓我揣在懷裏，指引路徑，盡力提供說明。他把我當做女兒一樣看待，以為我一個弱女子孤身而行，會害怕畏縮。其實，我在「文革」大串連時已走了半個中國，又經過「上山下鄉」十年鍛鍊，與他身邊的嬌兒不同，走南闖北，視為平常。見我如此表現，他又大為詫異。

有一段時期，我身體極為衰弱，大部分時間在家養病，不能每日到校。何先生每周必來一信甚或兩信，告知系裏開會或黨組織活動等消息，以免我因缺席被責。先生待我之細心關心，勝過父親。其時，

學校飯堂伙食極差，為了給我增加食欲，何先生經常留我在他家吃飯。師母特地給我煮可口的飯菜，她煮的鹵水蛋非常好吃，直到今天都記得那種鹹鹹的、香香的味道。我與明理通達教養極好的師母和他們可愛的女兒小燕都成了可以推心置腹的忘年交。

一九八二年畢業時，何先生執意要我留校任教，而我則懼怕做學問之艱辛而遲疑不決。經他一再鼓勵，我才突破心理障礙，決心以歷史教學和研究為安身立命之所。我在歷史研究方面毫無天賦可言，後天的努力也很不夠，如今入行近三十年，勉強弄出幾本書來，自知難成大器，與先生之期望，相去甚遠。

何先生立身清正，對人的品德極其看重。他常說，人品重於學問。對學生的評價，也多從品德著眼。他最憎恨追名逐利、見利忘義之徒。在二十世紀五十年代以後「左傾」思潮統治下的歷次政治運動中，老教授們受到不同程度的迫害，對人心之叵測深有感受。他們在一起評論某人時，第一句就問，這個人的品德如何？何先生因為學歷高、留過洋、出身官僚家庭等原因也曾遭受一次次的批判，連半生心血寫成的三大冊《中國近代外交史》也被抄走不知去向。由於資料的散佚和年華老去，此書終未能重寫而成為一生憾事。

何先生治學嚴謹，從不信口開河，也不人云亦云。每寫一篇論文，必閱讀大量歷史文獻，反覆比較以弄清事實真相。下筆謹慎，言而有據，令人信服，常被推為「確當」之作而入選論文集。二十世紀八〇至九〇年代前期的學術會議所集論文，與今天不同，不是有文必收，有文必刊，而是十里挑一，精編而成。特別是入選全國性學術會議論文集的，都是相當有水準的文章。何先生常代表華南師範大學歷史系參加廣東省和全國性的學術會議，擔當學術評委，出任研究會理事，他的人品和學問贏得歷史學界同行的尊重和認同。在「文革」後史學界撥亂反正的大業中，他們這些老一輩的歷史學人為我們打開了

史學研究的新局面，功不可沒。

　　何先生以七十五歲高齡退休，又以九十三歲高齡辭世，畢生服務社會，獻身史學教育和研究，功業長存人間。謹以此書獻給我的導師何若鈞教授。

劉聖宜

2007 年 9 月 26 日

地域文化研究叢書·嶺南文化叢刊 A0203007

嶺南近代文化論稿　　下冊

作　　　者	劉聖宜
責任編輯	蔡雅如
發 行 人	陳滿銘
總 經 理	梁錦興
總 編 輯	陳滿銘
副總編輯	張晏瑞
編 輯 所	萬卷樓圖書股份有限公司
排　　　版	林曉敏
印　　　刷	百通科技股份有限公司
封面設計	菩薩蠻數位文化有限公司

出　　　版　昌明文化有限公司

桃園市龜山區中原街 32 號

電話 (02)23216565

發　　　行　萬卷樓圖書股份有限公司

臺北市羅斯福路二段 41 號 6 樓之 3

電話 (02)23216565

傳真 (02)23218698

電郵 SERVICE@WANJUAN.COM.TW

大陸經銷

廈門外圖臺灣書店有限公司

　　電郵 JKB188@188.COM

ISBN 978-986-496-007-1

2017 年 7 月初版

定價：新臺幣 280 元

如何購買本書：

1. 劃撥購書，請透過以下郵政劃撥帳號：

　帳號：15624015

　戶名：萬卷樓圖書股份有限公司

2. 轉帳購書，請透過以下帳戶

　合作金庫銀行　古亭分行

　戶名：萬卷樓圖書股份有限公司

　帳號：0877717092596

3. 網路購書，請透過萬卷樓網站

　網址 WWW.WANJUAN.COM.TW

大量購書，請直接聯繫我們，將有專人為您

服務。客服：(02)23216565 分機 10

如有缺頁、破損或裝訂錯誤，請寄回更換

國家圖書館出版品預行編目資料

嶺南近代文化論稿 / 劉聖宜著.-- 初版.-- 桃

園市：昌明文化出版；臺北市：萬卷樓發

行, 2017.07　冊；　　公分.--(地域文化研究叢

書. 嶺南文化叢刊)

ISBN 978-986-496-007-1(下冊 ：平裝)

1.文化史　2.近代史　3.嶺南

673.04　　　　　　　　　　　106011186

本著作物經廈門墨客知識產權代理有限公司代理，由廣州中山大學出版社有限公司授權萬卷樓圖書股份有限公司出版、發行中文繁體字版版權。